解答

掲載されている解答は、あくま〔　〕うり
ます。本書の解答では、「ネイテ〔　〕掲載
しています。また、本書は全体〔　〕。

カード

最後の32ページは、切り取ってカードとして使えます。カードを裏返せば、
逆の立場での英会話トレーニングができます。

CDの内容

CDには、英語の音声のみ収録されています。音声の間にはポーズが入ってい
るので、書籍の日本語を頭の中で英訳して発話練習をしてみましょう。

ダウンロード音声の内容 ◀)))

ダウンロード音声には、英語・日本語ともに収録されています。CD同様、音
声の間のポーズで発話練習ができます。
音声アプリのご利用で、パソコン・スマートフォン・タブレットから簡単に音
声が聞けます。以下の手順に従ってダウンロードしてください。

---

1. 下記の専用サイトにアクセス、もしくはQRコードを読み取り、
「audiobook.jp」に会員登録してください（無料）
https://audiobook.jp/exchange/takahashishoten
2. シリアルコード「11263」を入力してください
3. 「audiobook.jp」サイトのライブラリから『聞き取って パッと話せる
とっさの英会話トレーニング』を選択してダウンロードしてくださ
い（スマホの場合は、「audiobook.jp」の専用アプリから）

※本サービスは予告なく終了することがあります
※ダウンロード方法がわからない場合は、氏名・連絡先を明記のうえ、下記のメールアドレスまでお問
い合わせください（回答までに時間がかかる場合があります）　info@febe.jp

STAFF

デザイン... 新井大輔　中島里夏（装幀新井）

イラスト.... 福士陽香　芦野公平

DTP......... 朝日メディアインターナショナル

音声収録 .... ユニバ合同会社

ナレーター... ジェニー・スキッドモア、
ドミニク・アレン、木本景子、渋谷慧

校正 .... ぷれす

Listen and Speak
Rapid English Response Training
聞き取って パッと話せる とっさの英会話トレーニング

目次
contents

本書の効果的な使い方　　Page. 002

In Japan 日本案内編

Scene
001 道案内 ▶▶▶▶▶▶▶▶▶▶▶▶ Page. 014-017

雷門はどこですか？	この通り沿いに約5分歩いたところです。
歩いて行けますか？	徒歩だとちょっと遠いですよ。
地図上でここはどこですか？	ここの交差点にいます。
吉祥寺駅にはどう行けばいいですか？	あっちに進めばわかるはずです。

Plus alpha 1 道案内をする .... Page. 018-019

Scene
002 駅での案内 ▶▶▶▶▶▶▶ Page. 020-023

どうやって切符を買うのですか？	値段の書いてあるボタンを押すだけですよ。
浅草まではいくらですか？	料金はあの路線図に載っています。
チャージの仕方がわかりません。	貸してください。私が手伝いますよ。
美術館に行くのはどの出口ですか？	公園口を使ってください。あそこですよ。

Scene
003 電車の乗り換え ▶▶▶▶ Page. 024-027

池袋行きはどのホームですか？	緑色のしるしの15番ホームです。
この電車は東中野に止まりますか？	いいえ。これは快速です。
東京駅へはこの電車でいいですか？	いいえ。中央線に乗る必要があります。
何かあったのですか？	事故で電車が止まっているんです。

本書の効果的な使い方

　本書は、英語で話しかけられたときに、言いたいことを英語でパッと言う練習ができる、英会話トレーニング本です。リスニングとスピーキングが同時に鍛えられる、これまでにない形式でつくられています。

　これまでの英会話本や英語フレーズ集では、自分の言いたいことを言う練習はできました。しかし、実際の会話のテンポの中で、相手の英語を聞き取ったうえで、自分の言いたいことを言う練習はできませんでした。

　そこで本書では、下のような形式になっています。

1. 相手の英語を聞き取って…

リスニング

Where is the Kaminari Gate?

2. 英訳してパッと話す！

スピーキング

この通り沿いに
約5分歩いたところです。

構成 📖
「日本案内」と「海外旅行」に分かれており、それぞれ20のシーンで練習ができます。「日本案内」では、日本に来た外国人観光客との会話を、「海外旅行」では、自分が海外に行った際に使える会話を紹介しました。

聞き取って パッと話せる

とっさの **英会話トレーニング**

長尾和夫 ＋ トーマス・マーティン 著

Listen and Speak
Rapid English Response Training

高橋書店

Scene
004 別れ際 ▶▶▶▶▶▶▶▶▶▶▶▶▶ Page. 028-031

助かりました。	どういたしまして。安全な旅を。
親切に助けてくれてありがとう。	いつでもどうぞ！ 日本での時間を楽しんでね。
助けてくれて感謝します。	なんでもないですよ。すばらしい1日を！
やさしいですね。ありがとう！	当然のことですから。幸運を祈ってます！

Plus alpha 2 話しかける、話しかけられる ⋯⋯⋯⋯⋯⋯⋯ Page. 032-033

Scene
005 観光地 ▶▶▶▶▶▶▶▶▶▶▶▶▶ Page. 034-037

入場料はいくらですか？	2000円です。約20ドルですね。
この辺に公衆トイレはありますか？	ええ、100メートルほどまっすぐ進んだところです。
写真を撮ってもいいんですか？	いいえ、ここは撮影NGです。
この辺りにタクシー乗り場はありますか？	あの坂を下って、左に曲がったところにあります。

Scene
006 写真を撮る ▶▶▶▶▶▶▶ Page. 038-041

写真を撮ってもらえますか？	もちろん。いきますよ。はいチーズ！
このカメラでも1枚撮ってもらえますか？	このボタンを押すだけですか？
スカイツリーをバックに入れてください。	全部は収まらないです。それでもいいですか？
撮れましたか？	ええ、ちゃんと撮れているか確認してください。

Scene
007 スポーツイベント ▶▶ Page. 042-045

この開会式、すごく興奮しますね！	すばらしいショーですね！
楽しんでますか？	ええ。彼らは世界最高の選手たちですから！
彼らは私の国の選手です。	では、ニュージーランドから来たんですね！
どこの国を応援しているんですか？	日本です。でもみんなを応援しています！

Plus alpha 3 スポーツを観戦する ⋯⋯⋯⋯⋯⋯⋯⋯⋯⋯⋯ Page. 046-047

Scene
008　初対面のあいさつ ▶▶ Page. 048-051

はじめまして。ジムです。	はじめまして。ケイコです。
やっとお会いできましたね。	あなたのことは、よく聞いていますよ。
トムと呼んでください。	じゃあ、私はエミって呼んでね。
私の妻のジェーンです。	お会いできてうれしいです。

Scene
009　自己紹介 ▶▶▶▶▶▶▶▶▶ Page. 052-055

お住まいはどちらですか?	品川に住んでいます。
ごきょうだいはいるのですか?	姉が2人います。
ご職業は?	IT分野の仕事をしています。
ご家族は?	妻と息子2人です。

Scene
010　趣味、関心 ▶▶▶▶▶▶▶▶ Page. 056-059

何か趣味はありますか?	華道をやっています。
時間があるときは何をしていますか?	釣りやバーベキューが好きなんですよ。
仕事のあとはどうやってくつろいでますか?	いつもは熱いお風呂に入ります。
最近、日本で話題のトピックは何?	近づいてるオリンピックですね。

Scene
011　軽いあいさつ ▶▶▶▶▶▶ Page. 060-063

やあ!	どう?
やあ、ユカ!	あっ、トムじゃん!
どうしてた?	相変わらずだよ。
調子はどう?	最高だよ。

Scene
012　再会のあいさつ ▶▶▶▶ Page. 064-067

偶然だね!	ここで君に会うなんてね!
久しぶり!	何年ぶりかなあ?
で、ユウタ、君はどうしてた?	別に。そっちはどう?
あれ、ナオ。また会ったね!	今日はよく会うね。

Scene
013 お礼を言う ▶▶▶▶▶▶▶▶ Page. 068-071

数学のテストはどうだった?	うん。手助けありがとう。
昇進したって聞いたよ!	あなたには本当に感謝しています。
あの仕事はどうだった?	うまくいったよ、ありがとう。ひとつ借りができたね。
手伝えることがあれば知らせてね。	ほんとにありがとう。

Scene
014 感想、ほめる ▶▶▶▶▶▶▶ Page. 072-075

髪切ったの、どう?	すごくいいね! よく似合ってるわ!
あの映画見た?	すごくおもしろかったよ。
ここは観光するのにいいところですか?	そこまでじゃないですよ。
あのイタリアンの店はどうだった?	いまひとつだったよ。

Scene
015 気づかう ▶▶▶▶▶▶▶▶▶▶ Page. 076-079

疲れたなあ。	ひと息ついたら?
具合があまりよくないんだ。	大丈夫?
ちょっとめまいがする。	休んだほうがいいよ。
いつもの君じゃないみたい。	大丈夫。何でもないよ。

Scene
016 依頼する ▶▶▶▶▶▶▶▶▶▶▶ Page. 080-083

浮かない顔をしているね。	お願いがあるんだ。
何が必要?	カメラを貸してもらえませんか?
咳が多いみたいね。	ちょっと咳止めが欲しいわ。
のど飴なら持ってるよ。	いくつかもらってもいい?

Scene
017 提案、誘う ▶▶▶▶▶▶▶ Page. 084-087

おなか空いたなぁ!	ちょっとコンビニに寄ろうか。
どこかおもしろい場所に行きたいな。	秋葉原はどう?
次の日曜は空いてる?	ごめん、もう予定があるんだ。
すごく楽しみです。	一緒にトムも誘うのはどうかな?

Scene
018 食事 ▸▸▸▸▸▸▸▸▸▸▸▸▸▸▸ Page. 088-091

おすすめ料理は何ですか?	ここは焼き鳥がおいしいですよ。
君の健康と成功に!	乾杯! 君にも。
お手洗いってどこですか?	奥の左手ですよ。
ここは僕がおごりますよ。	いえいえ、割り勘にしましょう。

Scene
019 スモールトーク ▸▸▸▸ Page. 092-095

やっとお日さまが出ましたね!	最高の天気ですね!
また今日も暑いね。	この熱波にはうんざりだね。
ひどい雨だねえ。	早く止むといいね。
エレベーターすごく遅いねえ!	もうかなり待ってるよね。

Plus alpha 4 ちょっとしたとっさのひとこと .... Page. 096-097

Scene
020 突然通訳 ▸▸▸▸▸▸▸▸▸▸ Page. 098-101

だれか英語話せる人はいませんか?	私が通訳しますよ。
彼は何と言ったんですか?	えーと、これは売り物じゃないそうです。
これに似たものはありますか?	向こうのカウンターにいくつかあるみたいです。
これって値引きできますか?	どの品も値引きはできないそうです。

Column
コミュニケーション上手になる、3つの近道　Page. 102

Traveling Abroad 海外旅行編

Scene
001 電車予約 ▸▸▸▸▸▸▸▸▸▸▸ Page. **104-107**

ウェスティンホテルです。ご用件は?	部屋を予約したいのですが。
どんなタイプのお部屋がよろしいですか?	クイーンサイズのベッド2つの部屋でお願いします。
いつからいつまでご滞在ですか?	8月20日から23日です。
スタンダードルームがいいですか? それともオーシャンビューがいいですか?	オーシャンビューの部屋がいいです。

Scene
002 空港 ▸▸▸▸▸▸▸▸▸▸▸▸▸▸▸▸ Page. **108-111**

搭乗券はお持ちですか?	はい、このスマホに入っています。
どういたしましたか?	このフライトはどのゲートから出発しますか?
預ける荷物はありますか?	スーツケースを1つ預けたいです。
30キロを超えるバッグには料金がかかります。	こちらのスーツケースに少し移します。

> **Plus alpha 5** 空港のピクトグラム .... Page. **112-113**

Scene
003 飛行機 ▸▸▸▸▸▸▸▸▸▸▸▸▸▸ Page. **114-117**

お飲みものはいかがですか?	コーヒーください。クリームや砂糖はいりません。
寒いですか?	ええ、毛布をもらえますか?
何かお困りですか?	席を替えたいんです。
ヘッドフォンがどうかしましたか?	これはどうやって使うのですか?

Scene
004 入国審査 ▸▸▸▸▸▸▸▸▸▸▸ Page. **118-121**

旅の目的は何ですか?	観光です。
お困りですか?	荷物が見つからないんです。
あなたの荷物の特徴は?	ネームタグのついたピンクのスーツケースです。
申告するものはありますか?	いいえ。何もありません。

Scene
005 駅、電車 ▸▸▸▸▸▸▸▸▸▸▸ Page. **122-125**

次の方どうぞ。	シカゴに行きたいのですが。
料金はひとり20ドルです。	大人2枚お願いします。
グランドセントラル駅で乗り換える必要があります。	そこへはどのくらい時間がかかりますか?
こちらがワシントンまでの切符です。	この電車は何番線から出発しますか?

Scene
006 タクシー ▸▸▸▸▸▸▸▸▸▸▸ Page. 126-129

どこまで行きますか？	グランドハイアットホテルまで行ってください。
今は地図のここにいますね。	ここに行ってください。
このブロックでよかったですか？	ええ、あの赤信号のところで止めてください。
17ドル50セントですね。	20ドルあります。おつりは取っておいて。

Scene
007 チェックイン ▸▸▸▸▸▸ Page. 130-133

3時まではチェックインできません。	それまで荷物を預かってもらえますか？
こんにちは。チェックインですか？	はい。田中で予約しています。
2部屋で2泊のご予約ですね？	はい、それぞれ1部屋で予約してあります。
荷物を部屋にお運びできますよ。	ありがとう。このスーツケース2つお願いします。

Scene
008 フロント ▸▸▸▸▸▸▸▸▸▸▸▸ Page. 134-137

こんばんは。何かご用でしょうか？	この辺にいいケイジャン料理店はありますか？
クレオールがかなり人気です。	歩ける距離ですか？
歩くにはちょっと遠いです。	タクシーを呼んでもらえますか？
準備はできていますか？	いいえ。6時にしてください。

Plus alpha 6　ホテルの部屋から .... Page. 138-139

Scene
009 チェックアウト ▸▸▸▸ Page. 140-143

フロントのティムです。	滞在を延長できますか？
おはようございます。	チェックアウトをお願いします。
こちらが領収書でございます。	ん！ この金額は何でしょうか？
ご滞在ありがとうございました。	荷物を夕方まで預かってもらえますか？

Scene
010 ショッピング ▸▸▸▸▸▸ Page. 144-147

それ、試着なさいますか？	見てるだけです、ありがとう。
そちらのワンピース、いかがですか？	いいですね。試着はできますか？
サイズはどうですか？	私にはちょっと大きいです。
すごくお似合いですよ！	ありがとう。これをいただきます。

Scene
011　お土産 ▸▸▸▸▸▸▸▸▸▸▸▸▸▸▸▸ Page. **148-151**

配送をご希望ですか?　　　　　　　　　日本に配送できますか?

何をお探しですか?　　　　　　　　　　地域で作られたものはありますか?

このチョコレートは地元で人気なんです。　常温で保存できますか?

こちらはチョコレートの詰め合わせです。　中身は小分けになっていますか?

Scene
012　レストラン ▸▸▸▸▸▸▸▸▸▸▸▸▸ Page. **152-155**

ロブスターロフトにお電話ありがとうございます。　予約したいのですが。

何名様でしょう?　　　　　　　　　　　はっきりしないんですが、3、4人です。

お席のご希望はありますか?　　　　　　窓に近い席をお願いします。

ロブスターロフトへようこそ。　　　　　2名で予約をしています。

Plus alpha 7　レストランで注文する .... Page. **156-157**

Scene
013　ファストフード、カフェ ▸▸▸ Page. **158-161**

持ち帰りですか? こちらで召し上がりますか?　ここで食べます。

ご注文は何になさいますか?　　　　　　ダブルチーズバーガーにします。

セットになさいますか?　　　　　　　　はい、ポテトとコーラで。

何を飲みますか?　　　　　　　　　　　アイスコーヒーをお願いします。

Scene
014　バー ▸▸▸▸▸▸▸▸▸▸▸▸▸▸▸▸▸▸▸ Page. **162-165**

ご注文は?　　　　　　　　　　　　　　ウイスキーをダブルで。

おかわりはいかがですか?　　　　　　　そうですね。同じものを。

何かつまみますか?　　　　　　　　　　フィッシュアンドチップスをください。

合計で25ドルになります。　　　　　　チップは含まれてますか?

Scene
015　デリ、スーパーマーケット ▸ Page. **166-169**

何をお取りしましょうか?　　　　　　　チェダーチーズを半ポンドください。

どのように切りましょうか?　　　　　　薄いサンドイッチ用のスライスでお願いします。

何か試食してみますか?　　　　　　　　ええ、ローストビーフを味見できますか?

どうぞ、試食品です。いかがですか?　　おいしいです。1ポンドを薄切りください。

Scene
016 ミュージカル ▶▶▶▶▶▶▶▶▶ Page. 170-173

どのショーに興味がありますか?	ライオンキングのチケットが欲しいんです。
何枚ですか?	大人2枚と子ども1枚で。
どの席がよろしいですか?	座席について詳しく知らないのです。
こちらが座席の図と値段です。	セクションDにします。

Scene
017 美術館、博物館 ▶▶▶▶▶▶▶ Page. 174-177

国立美術館へようこそ。	ガイドツアーに申し込みたいのですが。
ヘッドセットはいかがですか?	日本語はありますか?
このエリアにはゴーギャンの作品があります。	この絵画はいつ頃の作品ですか?
ここは1890年代の作品が中心です。	どこで描かれたものですか?

Scene
018 カジノ ▶▶▶▶▶▶▶▶▶▶▶▶▶▶ Page. 178-181

IDを確認させてください。	パスポートでいいですか?
ベットしてください。	このチップを崩してもらえますか?
おめでとうございます。あなたの勝ちです!	交換窓口はどこですか?
よろしければ夕食に無料でご招待いたしますよ。	2人分の食べ放題ディナーがいいですね。

Scene
019 コミュニケーション ▶▶▶ Page. 182-185

どこから来たの?	日本からですよ。
どうしてアメリカに来たのですか?	友だちを訪ねるためにここに来ました。
いつか京都に行ってみたいんだ。	京都はきれいなところですよ。
行くなら1年のいつ頃がいいの?	秋です。紅葉がすばらしいんです。

Plus alpha 8 現地の人とのコミュニケーション .... Page. 186-187

Scene
020 トラブル ▶▶▶▶▶▶▶▶▶▶▶▶▶ Page. 188-191

真っ青ですよ! 大丈夫ですか?	救急車を呼んでください。
何かトラブルですか?	ええ、だれかにカバンを盗まれました!
どうしましたか?	熱があってめまいもするんです。
保険はありますか?	はい。このタイプは使えますか?

in Japan

日本案内編

リスニング

Where is the Kaminari Gate?

スピーキング

この通り沿いに
約5分歩いたところです。
down

リスニング

Can I walk there?

スピーキング

徒歩だとちょっと遠いですよ。

ほかにも
言いたい

❶ 途中まで一緒に行きましょうか?

❷ ご案内します。ついてきて。

❸ 迷ったら、またそこで誰かに尋ねてください。

海外から観光に来てるのかな？ 道に迷って困っているみたい。よし、
わかる範囲で親切に教えてあげよう。

02

リスニング

Where are we on this map?

スピーキング

ここの交差点にいます。
intersection

リスニング

How do I get to Kichijoji Station?

スピーキング

あっちに進めばわかるはずです。

④ 2つめの信号を右に曲がるだけです。

⑤ すみません。この辺りのものじゃないんです。

⑥ このGPSは変ですね。今いるのはここですよ。

リスニング

> **Where is the Kaminari Gate?**
> 雷門はどこですか?

スピーキング

➡ **It's about a five-minute walk down this road.**
この通り沿いに約5分歩いたところです。

「…に沿って」は、up / downどちらを使ってもOKです。平たんな道であれば、特別な使い分けはありません。Where is ...?「…はどこですか?」の代わりに、Where can I find ...?「どこで…を見つけられますか?」と聞かれることもあります。

リスニング

> **Can I walk there?**
> 歩いて行けますか?

スピーキング

➡ **It's a little far to walk.**
徒歩だとちょっと遠いですよ。

It's ten minutes by taxi / on foot.「タクシー/徒歩で10分くらいです」などとつけ加えても親切ですね。Is it / that within walking distance?「それって歩いて行ける距離でしょうか?」と聞かれることもあります。within ... は「…の範囲の中」。

◢ミ ほかにも
　　言いたい

(1) Would you like me to go with you part way?

(2) I'll show you. Follow me.

(3) If you get lost, ask someone again there.

001

リスニング

Where are we on this map?

地図上でここはどこですか?

スピーキング

➡ **We are at this intersection here.**

ここの交差点にいます。

この会話では、onとat、2つの前置詞が登場しました。onとatの使い分けは、onは「…の上で」、atは「…で」です。また、intersectionの代わりに、crossing「交差点」という単語を使ってもOKです。ちなみに、「角」と言いたければ、streetcornerが使えます。また、「地図を見せてください」と言いたいときは、Let me see your map. と表現できます。

リスニング

How do I get to Kichijoji Station?

吉祥寺駅にはどう行けばいいですか?

スピーキング

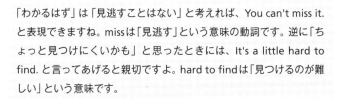

➡ **Go that way and you can't miss it.**

あっちに進めばわかるはずです。

「わかるはず」は「見逃すことはない」と考えれば、You can't miss it. と表現できますね。missは「見逃す」という意味の動詞です。逆に「ちょっと見つけにくいかも」と思ったときには、It's a little hard to find. と言ってあげると親切ですよ。hard to findは「見つけるのが難しい」という意味です。

④ Just take a right at the second light.

⑤ I'm sorry. I'm not from around here.

⑥ This GPS is strange. We are right here now.

道案内をする
Giving Directions

道案内をするときに使えるフレーズを
集めました。目印となるものの名前、か
かる時間、行き方などをパターンで覚え
て言ってみましょう。

まっすぐ行くとわかります。

▶ **Go straight ahead
and you can't miss it.**

╋ 高橋病院

そこまでは車で
15分くらいかかります。

▶ **That's fifteen
minutes away by car.**

その病院は左手に見えてきます。

▶ **You will see the hospital
on your left.**

コンビニの角で左折します。

▶ **Turn left at the
convenience store.**

イベントの場所は1キロ先ですよ。

▶ **The event location is
one kilometer ahead.**

2番目の交差点を右折してください。

▶ **Turn right at the second intersection.**

その店はガソリンスタンドの隣にあります。
▶ That store is next to a gas station.

郵便局はあの信号のところです。
▶ The post office is at that traffic light.

この通り沿いの左手にあります。
▶ It's down this street on the left.

線路沿いに10分歩いてください。
▶ Follow the train tracks and walk ten minutes.

そのホテルはここから徒歩約5分です。
▶ That hotel is about five minutes from here on foot.

リスニング

How do I buy a ticket?

スピーキング

値段の書いてある
with
ボタンを押すだけですよ。

リスニング

How much is a ticket to Asakusa?

スピーキング

料金はあの路線図に載っています。
map

📢 ほかにも
言いたい

1 わかりません。駅員さんを呼びますね。

2 ここにお金を入れてください。

3 赤い丸にMのしるしに従って進んでください。

駅を歩いてたら話しかけられて、ちょっと焦っちゃった。切符の買い方、
ちゃんと伝わるかなぁ。

002

リスニング

I don't know how to charge my fare card.

スピーキング

貸してください。私が手伝いますよ。

リスニング

Which exit should I use to get to the art museum?

スピーキング

公園口を使ってください。
あそこですよ。

4 ICカードを買うと便利です。

5 最初にデポジットで500円必要です。

6 みどりの窓口で払い戻せます。

リスニング

How do I buy a ticket?
どうやって切符を買うのですか?

スピーキング

➡ **Just push the button with the price.**
値段の書いてあるボタンを押すだけですよ。

> 「ただ…してください／…するだけでいいです」と言いたいときは、Justで文を始めましょう。ここではJust push ... で「ただ…を押すだけです」ですね。All you have to do is ...「あなたは…するだけでいいですよ」でも同じ意味になります。また、「…のついたボタン」は、the button with ... と言います。

リスニング

How much is a ticket to Asakusa?
浅草まではいくらですか?

スピーキング

➡ **The fares are listed on that map.**
料金はあの路線図に載っています。

> 交通機関の料金は、fareと言います。料金はリストにして掲載されているので、be listed on ... を使います。地図の形の値段表はmap、数字だけの値段表であればchartやtableです。また、同じ場面でHow much does ... cost?「…はいくらですか?」と聞かれることもあります。

◀ :: ほかにも
　　言いたい

① I don't know. I'll get a station employee for you.

② Insert your money here.

③ Follow the signs with the M in the red circle.

002

I don't know how to charge my fare card.
チャージの仕方がわかりません。

➡ **Here. I can help you do that.**
貸してください。私が手伝いますよ。

こちらに物を渡してほしいときは、Here. だけでOKです。charge「チャージする」は動詞として使われています。fare card「料金カード」とは、Suicaのように前もってお金をチャージするタイプのカードのことを指します。

Which exit should I use to get to the art museum?
美術館に行くのはどの出口ですか?

➡ **Use the Park Exit. It's over there.**
公園口を使ってください。あそこですよ。

「…を使いなさい」という命令文にすればいいので、Use ... を使います。「公園口」はPark Exitですね。「むこう/あそこ」はover thereです。ちなみに、駅などを結ぶ「地下通路」のことは、underground passageと表現します。undergroundは「地下の」、passageは「通路」です。

④ It's convenient to buy an IC card.

⑤ An initial 500 yen deposit is required.

⑥ You can get a refund at the JR ticket counter.

リスニング

Which platform is the train to Ikebukuro?
…行き

スピーキング

緑色のしるしの15番ホームです。

リスニング

Does this train stop at Higashi Nakano?

スピーキング

いいえ。これは快速です。

◀ ほかにも
　言いたい

❶ 次の次が東京駅ですよ。

❷ 梅田駅はさっきの駅でしたよ！

❸ 博多駅は3駅目です。

003

リス**ニ**ング

Is this the right train for Tokyo Station?
正しい

スピーキング

いいえ。中央線に乗る必要があります。

リス**ニ**ング

Did something happen?

スピーキング

事故で電車が止まっているんです。
due to

④ 電車の予定はそこの掲示板に載っていますよ。

⑤ あなたは終電車を逃しちゃったみたい。

⑥ この電車は逆方向です。

> リスニング

Which platform is the train to Ikebukuro?
池袋行きはどのホームですか?

> スピーキング

➡ **It's platform 15, with green signs.**
緑色のしるしの15番ホームです。

日本語の「ホーム」は英語では通じません。略さずにplatformと言いましょう。platform 15「15番線」のように、数字を後ろにつけて表現してくださいね。Where do I get the train to ...?「…行きの電車にはどこで乗るのでしょう?」と尋ねられることもあります。

> リスニング

Does this train stop at Higashi Nakano?
この電車は東中野に止まりますか?

> スピーキング

➡ **No. This is an express train.**

いいえ。これは快速です。

「快速電車」はexpress trainと言います。「各駅停車」はlocal train、「準急」はlimited express、「特急」はsuper expressと表現します。ちなみに、「通勤電車」のことはcommuter trainと言いますよ。

◀ ほかにも
　言いたい

① The station after next is Tokyo Station.

② We just left Umeda Station!

③ Hakata Station is the third stop.

003

リスニング

Is this the right train for Tokyo Station?

東京駅へはこの電車でいいですか?

スピーキング

➡ **No. You have to take the Chuo Line.**

いいえ。中央線に乗る必要があります。

> 「…に乗る」はtake ... を使って表せます。ほかには、boardという動詞も使えます。また、get on ... を使って、get on a train / bus「電車／バスに乗る」のように表現することもできます。ただし、自動車の場合にはget in a taxiのように、inを用いるので注意が必要です。

リスニング

Did something happen?

何かあったのですか?

スピーキング

➡ **The trains are stopped due to an accident.**

事故で電車が止まっているんです。

> 「…によって」と原因を伝えたいときは、due to ... が使えます。電車は事故によって「止められている」ので、受動態are stoppedになります。ちなみに、電車が遅れている場合には、The trains are running late.「電車が遅れています」と表現できます。

④ The train schedule is on that signboard there.

⑤ You missed the last train.

⑥ This train goes the other direction.

リスニング
Thanks for your help.

スピーキング
どういたしまして。安全な旅を。

リスニング
That was so nice of you to help me!

スピーキング
いつでもどうぞ！
日本での時間を楽しんでね。

◀ ほかにも
言いたい

① 楽しんで！

② どういたしまして。

③ お安いご用です。

I appreciate your help.

スピーキング
なんでもないですよ。
すばらしい1日を！

004

リスニング
You are so kind. Thank you!

スピーキング
当然のことですから。
幸運を祈ってます！

④ お役に立てずごめんなさい。

⑤ すみませんが、わかりません。

⑥ ほかに必要なことはありますか?

リスニング

Thanks for your help.
助かりました。

スピーキング

➡ ### My pleasure. Safe travels.
どういたしまして。安全な旅を。

> 「どういたしまして」の My pleasure. は、「私のよろこび (です)」が直
> 訳です。慣用表現なのでそのまま覚えましょう。感謝の表現ではほか
> に、Thanks for all of your help.「あなたのいろんな手助けに感謝し
> ています」や、Thanks for everything.「いろいろありがとう」なども
> よく言われます。

リスニング

That was so nice of you to help me!
親切に助けてくれてありがとう。

スピーキング

➡ ### Anytime!
Enjoy your time in Japan.
いつでもどうぞ！ 日本での時間を楽しんでね。

> 「いつでもどうぞ」は、Anytime! だけでOK。これでもちゃんとしたセ
> ンテンスになります。「…を楽しんでね」と伝えたいときには、Enjoy ...
> が便利な言い方です。That was so nice of you to ... は「親切に…し
> てくれてありがとう」という意味です。

◀ᵉ ほかにも
　　言いたい

(1) Have a good time!

(2) You're very welcome.

(3) It was nothing!

004

リスニング

I appreciate your help.
助けてくれて感謝します。

スピーキング

➡ **No problem at all. Have a great day!**
なんでもないですよ。すばらしい1日を!

> 「すばらしい」は、greatの代わりにgoood / nice / wonderfulなどを使ってもOKです。ほかには、Have a great trip!「すばらしい旅を!」、Have a nice time!「よい時間を!」という表現もありますよ。appreciate ... は「…に感謝する」。

リスニング

You are so kind. Thank you!
やさしいですね。ありがとう!

スピーキング

➡ **Of course. Good luck!**
当然のことですから。幸運を祈ってます!

> 「当然のことです」は、Of course. のひとことで表現できます。相手の幸運を祈るGood luck! はよく知られていますね。謙遜のニュアンスをちょっと出したければ、It was nothing.「なんでもありませんよ」、Don't mention it.「それはおっしゃらないで」などの表現も使えます。

④ I'm sorry I couldn't be of help.

⑤ I'm sorry, I don't know.

⑥ Is there anything else you need?

話しかける、話しかけられる

Asking / Being Asked

track 7

困っている人に話しかけたり、質問されたりするときのフレーズを集めました。勇気を出して、最初のひとことを言ってみてください。

質問してもいいですか？
▶ Can I ask you a question?

何かお困りですか？
▶ **Do you need some help?**

MAP

どうかしましたか？
▶ **Is something wrong?**

銀行を見つけないといけないんです。
▶ I need to find a bank.

何かお探しですか？
▶ Are you looking for something?

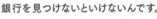

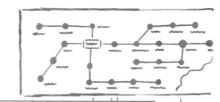

道に迷っているのですか？
▶ Are you lost?

どこに行こうとしていますか？
▶ Where are you trying to go?

ちょっと待ってね。調べます。
▶ Wait Just a minute. I'll check.

何かできることがあればいいのですが。
▶ I wish there was something I could do.

このあたりに遺失物取扱所はありますか？
▶ Is there a lost and found around here?

リスニング

How much is the entrance fee?
入場料

スピーキング

2000円です。約20ドルですね。

リスニング

Is there a public restroom around here?

スピーキング

ええ、100メートルほど
まっすぐ進んだところです。

ほかにも
言いたい

1 最後尾はあっちですよ。

2 列に並んで待ってくださいね。

3 入場券は2種類あるんです。

リスニング

Can I take pictures here?

スピーキング

いいえ、ここは撮影NGです。

005

リスニング

Is there a taxi stand around here?

スピーキング

あの坂を下って、左に
slope
曲がったところにあります。

④ フラッシュなしならOKです。

⑤ 飲み物は向こうの売店で買えますよ。

⑥ 実は私もここは初めてなんです。

リスニング

How much is the entrance fee?
入場料はいくらですか?

スピーキング

➡ **It's 2000 yen. About 20 US dollars.**
2000円です。約20ドルですね。

entrance feeは「入場料」という意味。How much is ...?「…はいくらですか?」の代わりに、What does ... cost?「…にはいくらかかりますか?」と聞かれることもあるかもしれません。ちなみに、「入場料」は看板などではadmissionまたはadmission feeと表記されています。

リスニング

Is there a public restroom around here?
この辺に公衆トイレはありますか?

スピーキング

➡ **Yes, it's about 100 meters straight ahead.**
ええ、100メートルほどまっすぐ進んだところです。

「まっすぐ」と伝えたいときは、straight aheadと表現します。アメリカでは、yards（約0.9メートル）／feet（約30.5センチ）／quarter mile（約400メートル）などを用いて距離を表現するので、だいたいの数字を覚えておくといいでしょう。public restroomは「公衆トイレ」。

◀ ほかにも
言いたい

① The end of the line is over there.

② Please wait in line.

③ There are two kinds of admission tickets.

005

リスニング

Can I take pictures here?
写真を撮ってもいいんですか?

スピーキング

➡ **No. Photographs aren't allowed here.**
いいえ、ここは撮影NGです。

「NGです」は「許されていない」と考えて、be not allowedと訳しましょう。シンプルにNo, you can't. という返事も可能ですよ。「もちろん!／かまいませんよ!」と言いたいときは、Certainly!／Of course!／Absolutely! のように返事をすればOKです。

リスニング

Is there a taxi stand around here?
この辺りにタクシー乗り場はありますか?

スピーキング

➡ **It's down that slope and to the left.**
あの坂を下って、左に曲がったところにあります。

「坂」はslopeなので、「あの坂を下る」はdown that slopeですね。to the leftは「左の方へ（曲がる）」が直訳です。turn leftでもいいですね。Where can I catch a taxi?「タクシーはどこで捕まえられますか?」と尋ねられることもあります。

---

④ As long as you don't use the flash.

⑤ You can buy drinks at that shop over there.

⑥ To be honest, it's my first time here.

リスニング

Could you please take our picture?

スピーキング

もちろん。いきますよ。はいチーズ！

リスニング

Can you take one with this camera too?

スピーキング

このボタンを押すだけですか？

ほかにも言いたい

❶ もう1枚いくよ！

❷ もう1枚撮りましょうか？

❸ この写真はよくないなあ。

写真撮影を頼まれた。写真を撮るときの掛け声って、英語でなんて言うんだっけ？

09

Please put the Skytree Tower in the background.

全部は収まらないです。それでもいいですか？

Did you take it?

ええ、ちゃんと撮れているか確認してください。

4 これで大丈夫ですか？
5 笑ってー！
6 3つでいくよ…1、2、3！

039

リスニング

Could you please take our picture?
写真を撮ってもらえますか?

スピーキング

➡ **Sure. Ready? Say cheese!**
もちろん。いきますよ。はいチーズ!

最近のアメリカでは写真を撮るとき、On three ... One, two, three! 「3つ数えたら…1、2、3!」もよく言います。最後の「three!」の瞬間に シャッターを押してくださいね。Could you ...? は「…してもらえま すか?」と、何かを頼むときの言い方です。

リスニング

Can you take one with this camera too?
このカメラでも1枚撮ってもらえますか?

スピーキング

➡ **Just push this button?**
このボタンを押すだけですか?

oneは「1つ」という意味ですが、ここでは「写真」のことです。ちなみ に、「フラッシュ光りましたか?」はDid you see the flash? / Did the flash come on? などと言えます。また、「ビデオにはどうやって切り 替えるのですか?」はHow do I change this to video? と言って尋ね てください。

◀ ほかにも
言いたい

① Let me take one more!

② Should I take one more?

040 ③ This picture is no good.

リスニング

Please put the Skytree Tower in the background.

スカイツリーをバックに入れてください。

スピーキング

➡ **It won't all fit. Is that okay?**

全部は収まらないです。それでもいいですか?

The sun is behind you. Is that okay?「(逆光で)太陽があなたの後ろにありますよ。いいですか?」、Do you want your whole body in the picture?「写真に全身を入れますか?」、Is just your head and shoulders okay?「頭と肩だけでいいですか?」などのフレーズも覚えておくと使えます。

リスニング

Did you take it?

撮れましたか?

スピーキング

➡ **Yes. Please check to see if it's a good photo.**

ええ、ちゃんと撮れているか確認してください。

「ちゃんと撮れているか」は、... if it turned out okay でもOK。これに対して、I look terrible. Take another one!「私の写りがひどいわ。もう1枚撮ってください!」などと言われることもあるかも。そんなときにはもう1枚撮ってあげてくださいね。

④ Is this okay?

⑤ Smile!

⑥ On three ... One, two, three!

リスニング

This opening ceremony is really exciting!

スピーキング

すばらしいショーですね！

リスニング

Are you having a good time?

スピーキング

ええ。彼らは世界最高の
the world's best
選手たちですから！

◀ ほかにも
言いたい

1 入り口はどこですか？

2 メインゲートはあちらのほうです。

3 決勝は13時ですよ。

オリンピック、パラリンピック、ワールドカップ…。世界中の人と一緒に
観戦できたら、きっともっと楽しいだろうな！

リスニング

Those athletes are from my country.

スピーキング

では、ニュージーランドから
来たんですね！

リスニング

Which country are you rooting for?

スピーキング

日本です。
でもみんなを応援しています！

④ その試合は近くのスポーツバーで観戦できますよ。

⑤ 売店はその階段を上がったところですよ。

⑥ この試合は準決勝ですよ。

リスニング

This opening ceremony is really exciting!
この開会式、すごく興奮しますね！

スピーキング

➡ **It's an amazing show!**
すばらしいショーですね！

> 「すばらしい」は、amazingのほかに、awesomeやincredibleを使ってもOKです。「こんなの今まで見たことない！」と言いたければ、I've never seen anything like this! という表現が使えます。opening ceremonyは「開会式」。

リスニング

Are you having a good time?
楽しんでますか？

スピーキング

➡ **Yes. These are the world's best athletes!**
ええ。彼らは世界最高の選手たちですから！

> 主語がtheyではなくtheseなのは、その場で一緒に「彼ら」を見ているから。また、Are you enjoying yourself?「楽しんでる？」、Are you enjoying the game?「試合を楽しんでる？」と聞かれることもあります。

◀ ほかにも
  言いたい

1 Where is the entrance?

2 The main gate is over that way.

3 The final is at one o'clock.

Those athletes are from my country.

彼らは私の国の選手です。

➡ **So you are here
from New Zealand, huh?!**

では、ニュージーランドから来たんですね！

007

「ということは…」のニュアンスは、So ... で表現できます。you are here
はyou came hereでもOKですが、使用頻度は低めです。また、末尾の
..., huh? の代わりに ..., right? を使うこともできますよ。So you are ...
の部分は、So that means you are ... のようにも言えます。

Which country are you rooting for?

どこの国を応援しているんですか？

➡ **Japan. But I'm cheering for everyone.**

日本です。でもみんなを応援しています！

「…を応援する」は、cheer for ... やroot for ... を使って伝えます。ほ
かには、favorite「優勝候補」、underdog「負けそうな選手／チーム」
などの単語も覚えておくと使えます。This is a close match!「接戦で
すね！」というひとことも、試合中よく言いますよ。

④ You can watch the game at a sports bar nearby.

⑤ The concession stand is up those stairs.

⑥ This is the semi-final match.

+α 3
Plus alpha

track **11**

スポーツを観戦する
Watching Sports

スポーツ観戦で使えるフレーズを集めました。同じチームのファンなら言葉の違いなんて関係なし。初対面でも一緒に盛り上がりましょう。

シーズンチケットを持っています。

▶ **I'm a season ticket holder.**

HOME GAME TICKET

ラグビー観戦はこれが初めてです。

▶ **This is my first rugby game.**

あの試合は散々でしたよ。

▶ **That game was horrible.**

彼は前回のチャンピオンです。

▶ **He is the defending champion.**

予想では彼らが大差で勝ちますよ。
► They are the heavy favorites.

ジャインツのファンなんです。
► I'm a Giants fan.

最近サッカーファンになったんです。
► I just started to follow soccer.

試合は必ず見ています。
► I never miss a game.

リスニング

Nice to meet you. I'm Jim.

スピーキング

はじめまして。ケイコです。

リスニング

It's nice to <u>finally</u> meet you.
やっと

スピーキング

あなたのことは、
よく聞いていますよ。

ほかにも
言いたい

1 ケイコです。マナブの同僚のひとりです。

2 想像どおりのすばらしい方ですね。

3 ずっとあなたに会いたかったんです。

リスニング
Please call me Tom.

スピーキング
じゃあ、私はエミって呼んでね。

008

リスニング
This is my wife, Jane.

スピーキング
お会いできてうれしいです。

④ お会いするのを楽しみにしていました。

⑤ 私のほうこそ光栄です。

⑥ トムはあなたのことになると話が止まらないんです。

リスニング

> **Nice to meet you. I'm Jim.**
> はじめまして。ジムです。

スピーキング

➡ **Nice to meet you, too. I'm Keiko.**
はじめまして。ケイコです。

> Nice to meet you. は、初対面の人とのあいさつでよく使う表現。似た表現のNice to see you. は、知っている人とのあいさつで使い、初対面の人には使わないので注意しましょう。自分の名前を伝えるときには、My name is ... ではなく、I'm ... と言うのが自然な英語です。

リスニング

> **It's nice to finally meet you.**
> やっとお会いできましたね。

スピーキング

➡ **I've heard so much about you.**
あなたのことは、よく聞いていますよ。

> 「よく聞いている」は「…についてとても多くを聞いてきた」と考えて、have heard so much about ... と現在完了形で訳すのがいいですね。また、Ben has told me a lot about you. 「ベンがあなたのことをたくさん話してくれてますよ」とすれば、話してくれる人物の名前を入れられます。

◀ ほかにも
言いたい

(1) I'm Keiko, one of Manabu's coworkers.

(2) You are just as nice as I imagined.

(3) I've wanted to meet you for a long time.

リスニング

Please call me Tom.

トムと呼んでください。

スピーキング

➡ **Call me Emi, then.**

じゃあ、私はエミって呼んでね。

「AをBと呼ぶ」はcall A Bの語順でしたね。アメリカ人は、初対面のときからファーストネームで呼び合うのがふつう。My friends call me ...「友だちは私のことを…と呼びます」という言い方をすれば、相手にニックネームで呼んでもらえますよ。

リスニング

This is my wife, Jane.

私の妻のジェーンです。

スピーキング

➡ **Pleased to meet you.**

お会いできてうれしいです。

「お会いできてうれしいです」は、It's a pleasure to meet you. とも言えますし、Pleasure.「光栄です」のひとことでもOKです。また、人を紹介するときは、I'd like to introduce you to ...「…をご紹介します」という言い方もありますが、こちらは過度にフォーマルな響き。

④ I've been looking forward to meeting you.

⑤ The pleasure is all mine.

⑥ Tom never stops talking about you.

リスニング

Where do you live?

スピーキング

品川に住んでいます。

リスニング

Do you have any brothers or sisters?

スピーキング

姉が2人います。

◀ ほかにも
言いたい

1 私は1999年生まれです。

2 私たち同い年ですね。

3 北海道出身です。

お互いのことをもっと知るために、踏み込んだ自己紹介をしてみよう。
自分のことを言えるようにしておくのは大切だ。

リスニング

What kind of work do you do?

スピーキング

IT分野の仕事をしています。
field

600

リスニング

Do you have a family?

スピーキング

妻と息子2人です。

4 アメリカには1度だけ行ったことがあります。

5 もう孫が4人もいるんです。

6 アパートをシェアしています。

リスニング

Where do you live?
お住まいはどちらですか?

スピーキング

➡ **I live in Shinagawa.**
品川に住んでいます。

I'm originally from Kyushu but I live in Tokyo now. 「もともと九州の出ですが、今は東京暮らしです」と出身を含めて答えることもできます。今住んでいる場所ではなく、出身を尋ねる場合は、Where are you from? 「出身はどちら?」。ちょっと違うので注意しましょう。

リスニング

Do you have any brothers or sisters?
ごきょうだいはいるのですか?

スピーキング

➡ **I have two older sisters.**
姉が2人います。

「姉」はolder sisterです。「妹」と言いたいときにはyounger sisterと表現します。ひとりっ子であれば、I'm an only child. と言えますよ。また、Do you have any siblings? 「きょうだいはいますか?」と聞かれることもあります。siblingは「(男女問わず) きょうだい」。

◀ ほかにも 言いたい

(1) I was born in 1999.

(2) We are both the same age.

(3) I'm from Hokkaido.

リスニング

What kind of work do you do?
ご職業は?

スピーキング

➡ ## I work in the IT field.
IT分野の仕事をしています。

「…の分野で仕事をしている」と言いたいので、work in ... field を使います。ほかには、I'm in sales.「営業部にいます」、I work at an electronics company.「電子機器メーカーで働いています」などの言い方もありますよ。ちなみに「転職中」なら、between jobsです。

600

リスニング

Do you have a family?
ご家族は?

スピーキング

➡ ## I have a wife and two sons.
妻と息子2人です。

「妻」はwife、「息子」はsonですね。My sons are 3 and 1.「息子たちは3歳と1歳なんです」などと続けてもOK。ほかに、I'm single.「独身です」、I'm divorced.「離婚しています」などの言い方もあります。

④ I've been to the U.S. one time.

⑤ I have four grandchildren already.

⑥ I share an apartment.

リスニング

Do you have any hobbies?

スピーキング

華道をやっています。

リスニング

What do you do in your free time?

スピーキング

釣りやバーベキューが
好きなんですよ。

ほかにも
言いたい

1 切手を集めています。

2 週末は3×3のバスケをやっていますよ。

3 よくチェスのネット対戦をしています。

自分の好きなこと、英語で言えるようになっておいてよかった。趣味が合うと、いっきに距離が近づく。

リスニング

How do you relax after work?

スピーキング

いつもは熱いお風呂に入ります。

リスニング

What is a trending topic in Japan nowadays?

話題の

スピーキング

近づいてる
オリンピックですね。

④ YouTubeを見るのが好きです。

⑤ 妻とワインを飲んでくつろぎます。

⑥ 週末はたいてい庭仕事をしています。

リスニング

Do you have any hobbies?
何か趣味はありますか?

スピーキング

➡ **I do Japanese flower arrangement.**
華道をやっています。

「華道/生け花」は、(Japanese) flower arrangementと言います。
「華道/生け花をしています」は、I arrange flowers. のように動詞を
使っても表現できますよ。hobbyは「趣味」という意味の単語ですね。

リスニング

What do you do in your free time?
時間があるときは何をしていますか?

スピーキング

➡ **I like fishing and grilling out.**
釣りやバーベキューが好きなんですよ。

ネイティブは趣味について話すとき、I like -ing. 「…するのが好きで
す」を多用します。「バーベキューをする」は、英語ではgrill out。その
ままBBQ (バーベキュー) と言うと、BBQソースをかけて焼くアメリ
カ南部のグリル料理ととらえられてしまい、日本のBBQとは違ってし
まいます。

◀ ほかにも
　言いたい

(1) I collect stamps.

(2) I play 3 on 3 basketball on the weekends.

(3) I play a lot of chess online.

リスニング

How do you relax after work?

仕事のあとはどうやってくつろいでますか?

スピーキング

➡ **I usually take a hot bath.**

いつもは熱いお風呂に入ります。

> 「お風呂に入る」はtake a bathと言います。お風呂に浸かる文化の日本人には理解しにくいのですが、アメリカでは湯船に浸かるのは(スポーツ選手などを除けば)女性がメインです。relaxは「リラックスする/くつろぐ」。

010

リスニング

What is a trending topic in Japan nowadays?

最近、日本で話題のトピックは何?

スピーキング

➡ **The upcoming Olympic Games.**

近づいてるオリンピックですね。

> 「近づいている/やがてやってくる/近々公開される」は、upcomingという単語で伝えましょう。「オリンピック」はthe Olympic Gamesと複数形にすることに注意してください。trendingは「流行になっている/話題の」。trending topic in Japanで、「日本で流行の話題」ということですね。

④ I like watching YouTube.

⑤ My wife and I drink wine and relax.

⑥ I usually garden on the weekends.

059

リスニング
Hey!

スピーキング
どう?

リスニング
Hi, Yuka!

スピーキング
あっ、トムじゃん!

◀ ほかにも言いたい

1 調子どう?

2 最近どう?

3 どうしてる?

友だちと会ったときは、気軽にあいさつを交わそう。いろんなパターンのあいさつができたら、会話も弾みそう。

リスニング
How've you been?

スピーキング
相変わらずだよ。

011

リスニング
How are you doing?

スピーキング
最高だよ。

4 ぼちぼちです。

5 なんとかやってるよ。

6 超最高だよ！

リスニング

Hey!
やあ!

スピーキング

➡ **What's up?**
どう?

「最近どう?」と軽くあいさつするときは、What's up? がピッタリです。ただのあいさつ代わりのフレーズなので、特に近況を説明したりする必要はありません。ほかに「(最近)どう?」と尋ねる言い方には、What's going on? / How are you? / How's it going? / How are things going? などもあります。

リスニング

Hi, Yuka!
やあ、ユカ!

スピーキング

➡ **Hey there, Tom!**
あっ、トムじゃん!

「やあ」という意味のHi! やHey there! の代わりに、Hi there! も使えます。ただし、かつて教科書で習ったHello! は、最近では電話で「もしもし」と言うとき以外には使われないため、あいさつ向きではありません。

◀ ほかにも
言いたい

① How's it going?

② What's happening?

③ How are you doing?

リスニング

How've you been?

どうしてた?

スピーキング

➡ **About the same thanks.**

相変わらずだよ。

> 「相変わらずだ」は「だいたい同じ」ということなので、About the same. が使えます。ほかには、Same ol' same ol'.「いつもどおりだよ／相変わらずだ」という表現もありますよ。このol'(オール)は oldの略。また、Nothing new here.「こっちはいつもと一緒」と答える人もいます。

リスニング

How are you doing?

調子はどう?

スピーキング

➡ **I'm great.**

最高だよ。

> 「最高／すばらしい／いい」は、greatがいいですね。かつて教科書で習ったI'm fine. よりも、I'm great. のほうが気持ちが伝わります。How are you doing? のyouは、ya(ヤ)と発音されることもあるので、聞き取れるようにしておきましょう。

④ I'm ok.

⑤ I'm getting by.

⑥ Couldn't be better!

リスニング
What a surprise!

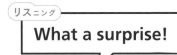

スピーキング
ここで君に会うなんてね！

リスニング
Long time no see!

スピーキング
何年ぶりかなあ？

◀€ ほかにも
言いたい

1 世間は狭いねえ！

2 ここで会うなんて偶然だねえ。

3 ずっと見かけなかったね。

久しぶりに会った人に、一日に何回も会った人に、再会のあいさつのレパートリーを増やしておこう。

リスニング

So what have you been doing, Yuta?

スピーキング

別に。そっちはどう？

リスニング

Hi Nao. We meet again!

スピーキング

今日はよく<u>会う</u>ね。
run into

4 今までどうしてた?

5 また会えてうれしいよ。

6 ここで何してるの?

リスニング

What a surprise!
偶然だね!

スピーキング

➡ **Didn't expect to see you here!**
ここで君に会うなんてね!

「ここで君に会うなんて(予想していなかった)」と考えれば、didn't expect to ... と表現できますね。逆に予想できていたときは、I thought I'd see / find you here.「ここなら君に会うだろうと思ってた」と言えますよ。主語Iを省略しているのは、2人の会話なのでだれが話しているかお互い明確にわかっているため。

リスニング

Long time no see!
久しぶり!

スピーキング

➡ **How many years has it been?**
何年ぶりかなあ?

ほかには、How long has it been?「どのくらいになる?」、It's been a long time.「久しぶり」と返事をすることもあります。さらに強調した、It's been forever!「永遠(くらい長い時が経った)ね!」なども覚えておくとネイティブに感心されるかも。

◀ ほかにも
言いたい

(1) It's a small world!

(2) Fancy meeting you here.

(3) Where have you been hiding?

リスニング

> **So what have you been doing, Yuta?**
> で、ユウタ、君はどうしてた?

スピーキング

➡️ **Not much. How about you?**
別に。そっちはどう?

> 「別に」や「相変わらずだよ」と言いたいときは、Not much. が使えます。ほかには、I've been around.「変わりはないよ」、I've been traveling.「旅行していたんだ」、I moved to ... last year.「去年…に引っ越したんだ」などと返事をしてもOK。

リスニング

> **Hi Nao. We meet again!**
> あれ、ナオ。また会ったね!

スピーキング

➡️ **We are running into each other a lot today.**
今日はよく会うね。

> 「…に出くわす/偶然出会う」は、run into ... で表現しましょう。会うのは「お互い」なので、each otherをつなげます。「よく」はa lotで表現できます。また、ほかに「頻繁に会う」と言いたければ、see a lot of each otherとも表現できますよ。

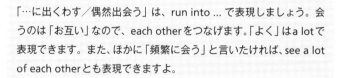

④ How've you been?

⑤ It's good to see you again.

⑥ What are you doing here?

リスニング

Did your math test go well?

スピーキング

うん。手助けありがとう。

リスニング

I hear you got the promotion!

スピーキング

あなたには本当に感謝しています。

ほかにも言いたい

❶ 夕飯ごちそうになっちゃって、すみません。

❷ 手伝ってくれてありがとう。

❸ 君のおかげでうまくいったよ。

Thank you. だけでももちろんお礼の気持ちは伝わるけど、もっと感謝を伝えたい。「ありがとう」は何度言ってもいい言葉。

リスニング

How did that work project go?

スピーキング

うまくいったよ、ありがとう。
ひとつ借りができたね。

リスニング

If I can help, just let me know.

スピーキング

ほんとにありがとう。

013

④ 君には感謝してもしきれないよ。

⑤ いろいろありがとうございました。

⑥ 助かりました!

リスニング

Did your math test go well?
数学のテストはどうだった?

スピーキング

➡ **Yes. Thanks so much for your help.**
うん。手助けありがとう。

> 「…にとても感謝している」というお礼のフレーズは、Thanks so much for ... で表現しましょう。Thanks for helping me study.「勉強を手伝ってくれてありがとう」のように、【helping me ＋動詞】の形で、手伝ってくれた内容を具体的に加える言い方もあります。

リスニング

I hear you got the promotion!
昇進したって聞いたよ!

スピーキング

➡ **I am really grateful for what you did.**
あなたには本当に感謝しています。

> 「…に感謝する」は、be grateful for ... と言います。I'm grateful.「ありがたく思っています」は、Thanks. などよりも感謝の念が強い表現なんです。また、ここの「あなたには」は「あなたがしてくれたことに対して」という意味なので、for what you didと表現します。promotionは「昇進」。

◀: ほかにも
言いたい

(1) Thanks for buying dinner.

(2) Thanks for lending me a hand.

(3) Thanks to you it went well.

> ### How did that work project go?
> あの仕事はどうだった?

➡ ### Great, thanks. I owe you one.
うまくいったよ、ありがとう。ひとつ借りができたね。

「あなたに借りがある」は、owe you と表現します。I owe you. のように、one を省略しても同じ意味で使えますよ。また、I owe you big time. とすれば、「ものすごい借りができたね」という意味になります。project は、ここでは「(仕事の) プロジェクト」。

> ### If I can help, just let me know.
> 手伝えることがあれば知らせてね。

➡ ### I really appreciate that.
ほんとにありがとう。

ほかにも、I'll keep that in mind.「それ覚えておくね」あるいは、I may take you up on that.「ひょっとしてお言葉に甘えるかもしれない」といった返事も覚えておくと便利です。just let me know は「単純に私に知らせて」が直訳。

④ I can't thank you enough.

⑤ I appreciate all your help.

⑥ You saved my life!

リスニング
How do you like my haircut?

スピーキング
すごくいいね！よく似合ってるわ！

リスニング
Did you see that movie?

スピーキング
すごくおもしろかったよ。

ほかにも
言いたい

1 君は料理の腕前がすごいね！

2 そのブレスレット、似合ってるね！

3 その絵きれいだね！

リスニング

Is this a good place to visit?

スピーキング

そこまでじゃないですよ。

リスニング

How was that Italian restaurant?

スピーキング

いまひとつだったよ。

014

4 すばらしい!

5 あなたの日本語、上手ですね!

6 かわいいお子さんたちですね!

リスニング

How do you like my haircut?
髪切ったの、どう？

スピーキング

➡ **I love it! It looks great on you!**
すごくいいね！よく似合ってるわ！

> It looks great on you. は髪型だけでなく、洋服などが似合っている
> ときにも使えるお役立ち表現です。look greatは「すばらしく見える」
> が直訳。on youは「君が身につけていると」という意味です。How
> do you like ...? は、「…はどう？」と尋ねる言い方です。

リスニング

Did you see that movie?
あの映画見た？

スピーキング

➡ **It was really interesting.**
すごくおもしろかったよ。

> You should watch it. 「君も見るべきだよ」と推薦の言葉を続けても
> いいですね。shouldは「…するべきだ」と勧めるときにも使える助動
> 詞です。逆に「退屈だった」と言いたい場合には、It was boring.「退
> 屈だったよ」、I was bored.「退屈させられた」などと表現できます。

◄ : ほかにも
　　言いたい

(1) You're a great cook!

(2) That bracelet looks good on you!

(3) That painting is beautiful!

リスニング

Is this a good place to visit?
ここは観光するのにいいところですか?

スピーキング

➡ ## It's not worth the effort.
そこまでじゃないですよ。

worth the effortを直訳すると、「努力するに値する」となります。もっと細かく、It's not worth the time / money / energy.「時間／お金／労力をかける価値はないですよ」などと表現してもいいでしょう。逆は、be worth it「価値がある」などのフレーズが使えます。

リスニング

How was that Italian restaurant?
あのイタリアンの店はどうだった?

スピーキング

➡ ## It wasn't anything special.
いまひとつだったよ。

「いまひとつ」は「特別なものではない」と考えれば、be not anything special と訳せます。ほかには、I wasn't impressed.「よくなかった」、It didn't do much for me.「あまり気に入らなかった」なども低評価の表現。高評価なら、I loved it. や It was outstanding.「すばらしかった」などが使えます。

④ Great job!

⑤ Your Japanese is very good!

⑥ Your children are so cute!

あの人、なんだか元気がないみたい。ちょっと心配だな、ひと声かけて みよう。

track
19

リスニング

I'm a little dizzy.
めまいがする

スピーキング

休んだほうがいいよ。

リスニング

You don't look like yourself.

スピーキング

大丈夫。何でもないよ。

015

④ 私にも経験あるよ。

⑤ なに!? 話してみて。

⑥ 残念だったね。

リスニング

I'm beat.
疲れたなあ。

スピーキング

➡ **You should rest a minute.**
ひと息ついたら?

> 「…すべきだよ／したほうがいいよ」と相手に何かをするように勧め
> るときは、You should ... を使いましょう。「ひと息つく」は「ちょっと
> 休憩する」と考えれば、rest a minuteと表現できますね。beatは形容
> 詞で「ヘトヘトの／疲れ切った」という意味です。

リスニング

I don't feel so good.
具合があまりよくないんだ。

スピーキング

➡ **Are you okay?**
大丈夫?

> 相手を気づかうときはほかに、Are you alright? 「大丈夫?」、What's
> wrong? 「どうしたの?」、あるいはWhat can I do for you? 「私に何か
> できることある?」などと尋ねてあげることもできます。don't feel so
> goodで、「あまり気分がよくない」。

◀ː ほかにも
　　言いたい

(1) I hear ya. Me too.

(2) Things will come around.

(3) Come on. Let's go get hammered.

リスニング

I'm a little dizzy.
ちょっとめまいがする。

スピーキング

➡ **You should take a break.**
休んだほうがいいよ。

> 「休憩する」はtake a breakですね。代わりに、sit down「座る／腰を下ろす」や、lie down「横になる」、あるいはrest「休憩する」などの表現も使えます。dizzyは「めまいがする／クラクラする」という意味の形容詞。a littleがついているので、「ちょっとめまいがする」になります。

リスニング

You don't look like yourself.
いつもの君じゃないみたい。

スピーキング

➡ **I'm fine. It's nothing.**
大丈夫。何でもないよ。

> 「大丈夫」のfineは、okayやalrightと置き換えてもかまいません。また、I'll be okay.／I'll be alright. と言えば、「そのうち治るよ／そのうちよくなるから」という意味になります。not look / seem like yourselfを直訳すると、「君自身ではない様子だ」となりますね。

④ Been there, done that.

⑤ What!? Tell me about it.

⑥ That's too bad.

リス**ニ**ング

Why the long face?

スピ**ー**キング

お願いがあるんだ。

リス**ニ**ング

What do you need?

スピ**ー**キング

カメラを貸してもらえませんか?

◀ ほかにも
言いたい

1 このはさみ借りていいですか?

2 トイレお借りできますか?

3 ここでちょっと待っててもらえる?

リスニング
You seem to be coughing a lot.

スピーキング
ちょっと咳止めが欲しいわ。
cough medicine

リスニング
I have some cough drops.

スピーキング
いくつかもらってもいい？

016

④ ちょっと頼みたいことがあるのですが…

⑤ 駅まで乗せてくれる？

⑥ これコピー取ってもらえる？

リスニング

Why the long face?
浮かない顔をしているね。

スピーキング

➡ **I need a favor.**
お願いがあるんだ。

お願いをするときはほかに、Do me a favor ...「頼みごとを聞いてくれる?」、I need your help.「君の助けが必要なんだ」などの前置きから、相手へのお願いごとを言うのが一般的です。long faceは「長い顔」ではなく、「浮かない顔」。

リスニング

What do you need?
何が必要?

スピーキング

➡ **Would you mind loaning me your camera?**
カメラを貸してもらえませんか?

ていねいに頼むときの「…してもらえませんか?」は、Would you mind -ing? と言いましょう。Can you loan me ...?「…を貸してもらえますか?」や、Do you mind / Is it okay if I borrow ...?「…を借りてもいいでしょうか?」という形で頼むこともできますよ。

◀ ほかにも
言いたい

① Can I borrow these scissors?

② Can I use your restroom?

③ Can you wait here for just a minute?

リスニング

> **You seem to be coughing a lot.**
> 咳が多いみたいね。

スピーキング

➡ **I need some cough medicine.**
ちょっと咳止めが欲しいわ。

I want ...「…が欲しい」で始めてもOKですが、I need ...「…が必要だ」
も覚えましょう。代わりに、I could use ...「…があると助かるなあ」と
表現してもほぼ同じニュアンスになります。ちなみに「喉が痛いんだ」
は、I have a sore throat. と表現できます。cough は「咳をする」。

リスニング

> **I have some cough drops.**
> のど飴なら持ってるよ。

スピーキング

➡ **Can I have a couple?**
いくつかもらってもいい?

「いくつか」は、a couple と言いましょう。付き合っている2人を
couple と言いますが、この文の a couple は「2つ」ではなく、「いくつ
か」という意味で使われていますよ。cough drop は「咳止め用のど
飴」のこと。

④ I have a favor to ask ...

⑤ Can you give me a lift to the station?

⑥ Can you make me a copy of this?

リスニング

I'm hungry!

スピーキング

ちょっとコンビニに寄ろうか。
stop by

リスニング

I want to go somewhere interesting.

スピーキング

秋葉原はどう?

◀ ほかにも
言いたい

❶ 夕飯食べに行こう。

❷ 飲み行こう。

❸ ちょっと気晴らしに行こうよ。

「〜しよう」って誘ったり、「〜はどう？」って提案したり。だれかと一緒に何かするって楽しい。

リスニング

Are you free next Sunday?

スピーキング

ごめん、もう予定があるんだ。

リスニング

I'm really looking forward to it.

スピーキング

一緒にトムも誘うのはどうかな？
ask

017

4 今晩、映画を見るのはどう？

5 これちょっと飲んでみて。

6 ひと口いる？

リスニング

> **I'm hungry!**
> おなか空いたなぁ!

スピーキング

➡ ## Let's stop by a convenience store.
ちょっとコンビニに寄ろうか。

「コンビニ」はconvenience storeと、省略せずに言いましょう。convenientではダメですよ。「…に寄る」のstop by ... は、run by ... やdrop by ... に置き換えることができます。hungryは形容詞「空腹の/お腹が空いた」。

リスニング

> **I want to go somewhere interesting.**
> どこかおもしろい場所に行きたいな。

スピーキング

➡ ## How about Akihabara?
秋葉原はどう?

「…はどう?」と提案したいときは、How about ...? でしたね。If that's the case, how about Akihabara?「だったら、秋葉原はどう?」のように、If that's the case, ...「それなら…」を加えてもいいですね。somewhere interestingは、「どこかおもしろい場所」。

🔊 ほかにも
言いたい

(1) Let's get some dinner.

(2) Let's grab some drinks.

(3) Let's go chill for a bit.

Are you free next Sunday?
次の日曜は空いてる？

➡ ## Sorry. I already have plans.
ごめん、もう予定があるんだ。

> 「もう／すでに」はalreadyで表現します。ほかにも、I'm busy.「忙しいんです」、I'm not free Sunday.「日曜は空いてません」などと返事をしてもOK。逆に時間があるときは、I'm free.「空いているよ」、I'm available.「大丈夫」などが使えます。be freeは「空いている／自由だ」。

I'm really looking forward to it.
すごく楽しみです。

➡ ## What about asking Tom to go, too?
一緒にトムも誘うのはどうかな？

> 「トムに行くように尋ねる」と考えて、ask A to B「AにBするように尋ねる」を使います。What about ...? は、How about ...?「…はどう？」やWhat do you think about ...?「…についてどう思う？」と置き換えられます。look forward to ... は「…を楽しみにしている」。

④ What do you think about a movie tonight?

⑤ Take a sip of this.

⑥ Want a bite?

リスニング

What dishes do you recommend?

スピーキング

ここは焼き鳥がおいしいですよ。

リスニング

Here's to your health and success!

スピーキング

乾杯！ 君にも。

ほかにも
言いたい

❶ メニューは壁に書いてあるんですよ。

❷ この小さな前菜はお通しといいます。

❸ ビールおかわりしますか？

仕事のあと同僚と食事に。彼は居酒屋がはじめてみたい。日本の料理、楽しんでもらえるといいな。

リスニング

Where are the restrooms?

スピーキング

奥の左手ですよ。
back

リスニング

This is my treat.

スピーキング

いえいえ、割り勘にしましょう。

4 またすぐにここに来ましょうよ!

5 ちょっと酔ってきました。

6 そろそろお開きにしましょうか。

リスニング

What dishes do you recommend?
おすすめ料理は何ですか?

スピーキング

➡ ## The yakitori here is excellent!
ここは焼き鳥がおいしいですよ。

高評価の単語　good「おいしい」→ very good「とてもおいしい」→ great「すばらしい」→ excellent「すごい」→ outstanding「卓越した」→ to die for「死ぬほどおいしい」

低評価の単語　just okay「まあまあ」→ not so good「あまりおいしくない」→ horrible「ひどい」→ nasty「クソまずい」

リスニング

Here's to your health and success!
君の健康と成功に!

スピーキング

➡ ## Salute! To you as well.
乾杯! 君にも。

アメリカの「乾杯」には、Cheers! ╱ Bottoms up! ╱ Down the hatch! ╱ Skoal! ╱ Here's to you! などさまざまな表現があります。どれを好んで使うかは、ネイティブも人それぞれです。「君にも」は「君にも同様に」という意味なので、To you as well. と表現します。相手の健康や成功を祈るフレーズです。

◀ ほかにも
　言いたい

(1) The menu is written on the walls.

(2) This small appetizer is called o-toshi.

(3) Do you want another beer?

Where are the restrooms?
お手洗いってどこですか?

スピーキング

➡ **In the back on the left.**
奥の左手ですよ。

「奥に」はin the back、「左手に」はon the left、フレーズを並べただけ
のシンプルな返事です。「入り口の右手です」なら、To the right of the
entrance. と言います。また、「あの廊下を進んで左手の2番目のドア」
なら、Down that hallway, second door on the left. です。

リスニング

This is my treat.
ここは僕がおごりますよ。

スピーキング

➡ **No no. Let's split the bill.**
いえいえ、割り勘にしましょう。

「割り勘にする」はsplit the billで、「勘定書きを分ける」が直訳。「割り
勘」を指すもう1つの人気フレーズは、Let's go Dutch. です。逆に、こ
ちらがごちそうしたい場合には、This is on me. ／I got the tab. 「私
がおごりますよ／勘定を持ちますよ」と言いましょう。one's treatは、
「…のおごり」。

④ Let's come here again soon!

⑤ I'm getting a buzz.

⑥ It's about time to call it a night.

リスニング
The sun is out finally!

スピーキング
最高の天気ですね!

リスニング
It's another hot one today.

スピーキング
この熱波にはうんざりだね。
heat

◀︎ ほかにも
言いたい

① 今夜は雨が降るみたい。

② じめじめして嫌になっちゃう。

③ 休みが待ちきれない!

スモールトークとは、ちょっと間を持たせるための会話のこと。天気の話とか、休暇の間の話をしてみよう。

リスニング It's raining like hell.

スピーキング 早く止むといいね。

リスニング This elevetor is so slow!

スピーキング もうかなり待ってるよね。

④ 休みはどうだった?

⑤ 彼女とお台場へ行ったよ。

⑥ 家でダラダラしてた。

リスニング

The sun is out finally!
やっとお日さまが出ましたね!

スピーキング

➡ **What a gorgeous day!**
最高の天気ですね!

> こんなときは感嘆文のWhat a ...!「なんて…なんだろう!」を使うと
> いいですよ。教科書でよく見るThe weather is fine. は、気持ちが伝
> わりにくいので避けましょう。great「最高/すばらしい」やhorrible
> 「最悪」など、気持ちの入った表現がベターです。「すばらしい天気の
> 日」はgorgeous dayと言います。

リスニング

It's another hot one today.
また今日も暑いね。

スピーキング

➡ **I'm so over this heat.**
この熱波にはうんざりだね。

> 「もう…はうんざり/嫌だ/耐えられない」という気持ちを表したい
> ときは、be over ... を使いましょう。ちなみに、人間にうんざりして
> いる場合は、I'm done / through with him / her. のように言えます
> よ。

◀ː ほかにも
言いたい

(1) It's supposed to rain tonight.

(2) I hate this humidity.

(3) I can't wait for a day off!

リスニング

It's raining like hell.

ひどい雨だねえ。

スピーキング

➡ **I hope it stops soon.**

早く止むといいね。

> 「…するといいね」は、I hope ... で表します。「止む」はlet upとも表現できますよ。雪や雷が止む場合や暑さが和らぐ場合にも、このlet upが使えます。また、let up は悪い状況が「和らぐ／静まる」と言いたいときにも使えます。like hellは「地獄のように」が直訳。rain like hellで、ひどく雨が降っている様子を表しています。

リスニング

This elevator is so slow!

エレベーターすごく遅いねえ！

スピーキング

➡ **We've been waiting forever!**

もうかなり待ってるよね。

> 「私たちはずっと待っている」なので、we've been waiting です。アメリカ人はforeverなどの大げさな表現が大好きです。We had to wait forever at the restuarant.「レストランで永遠に待たされたよ」のように、foreverはとても頻繁に使われます。

④ How was your day off?

⑤ I went to Odaiba with my girlfriend.

⑥ I just hung around the house.

+α4
Plus alpha

track **24**

ちょっとした
とっさのひとこと
Chitchat

会話で使えるフレーズを集めました。ちょっとしたひとことをパッと言えたら、会話はもっとスムーズになるはずです。

やった、金曜だ
▶ **TGIF!**

もっと涼しくなってほしいです。
▶ I'm looking forward to cooler weather.

ちょっと聞き取れなかった。
▶ **I didn't catch that.**

もっとゆっくりしゃべってもらえますか？
▶ **Can you please speak slower?**

もう1回言ってもらえますか？
▶ Could you repeat that, please?

リスニング

Does anyone here speak English?

スピーキング

私が通訳しますよ。

リスニング

What did he say?

スピーキング

えーと、
これは売り物じゃないそうです。

◀ ほかにも
言いたい

❶ どれを注文したいんですか?

❷ 彼は塩とタレどっちがいいか尋ねています。

❸ この店では鍋物は出してないそうです。

お店の人と英語が通じなくて困っているみたい。私でよければ、通訳できるかな…?

リスニング

Do you have anything similar to this?

スピーキング

向こうのカウンターに
いくつかあるみたいです。

リスニング

Can you reduce the price on this?

スピーキング

どの品も値引きはできないそうです。
—————
give discounts

④ セットは飲み物がついてきます。

⑤ このバスは祇園には行きません。

⑥ 切符の当日払い戻しはできないそうです。

リスニング

Does anyone here speak English?
だれか英語を話せる人はいませんか?

スピーキング

➡ **I'll interpret for you.**
私が通訳しますよ。

「通訳する」はinterpretという動詞で表現します。英語が通じなくて
困っている人がいたら、言ってみたいひとことです。I can speak
some / a little English. 「英語は少し話せますよ」、My English is
pretty good. 「英語はけっこううまく話せますよ」などと請け合って
もいいでしょう。

リスニング

What did he say?
彼は何と言ったんですか?

スピーキング

➡ **Well ... he said that this is not for sale.**
えーと、これは売り物じゃないそうです。

「…だそうです」はつまり「彼は…と言いました」と考えましょう。だ
れかの言葉を引用するときは、he / she said that ... をよく使います。
「販売用/販売中」はfor saleです。「割引中/セール中」のon saleと
間違えないように注意してくださいね。ここでは「売り物じゃない」な
ので、not for saleです。

◀³ ほかにも
　　言いたい

(1) What would you like to order?

(2) He's asking if you want salt or sauce.

(3) They don't serve hot pot dishes here.

Do you have anything similar to this?
これに似たものはありますか?

➡ **There are some
on the counter over there.**
向こうのカウンターにいくつかあるみたいです。

similar to ... は「…に似ている」という意味。anything similar to thisで、「これに似た何か」となります。We have that in stock.「それは在庫にありますよ」や、We are out of stock / sold out.「品切れ／売り切れです」も覚えておきたいですね。

Can you reduce the price on this?
これって値引きできますか?

➡ **They won't give discounts on anything.**
どの品も値引きはできないそうです。

「…の値引きをする」はgive discounts on ... と言います。同様に、reduce the priceも「減額する／値引きする」という意味です。また、店が割引セールをしていることは、That store is having a sale on ...「あの店は…のセールをやっている」のように言えます。

(4) The set meal comes with a drink.

(5) This bus doesn't go to Gion.

(6) They don't give same-day ticket refunds.

コミュニケーション上手になる、3つの近道

昨今、これまでになく多くの外国人たちが日本を訪れています。英語を話すときに大切なことはボキャブラリーや文法、発音だけではありません。そういった学校や書籍で学べること以外にも、外国語コミュニケーション能力を効率よく高めるための基本的な原則がいくつかあるのです。このページでは代表的な3つの原則を紹介します。

まず、「羞恥心を捨てる」こと。ミスを犯すことを心配したり恥ずかしいと思ったりする必要はありません。失敗を恐れずに、どんどんコミュニケーションを取り続けることで、みなさんの口から英語がペラペラと流れ出るようになってきます。間違いを恐れていると、「頭の中で考えてばかりで、英語がなかなか口から出てこない状態」を自ら作りだしてしまうのです。

第2に、「脳・耳・口をダイレクトにつなぎ、一緒に働かせる」こと。これはシンプルな訓練でできるようになります。例えば、この本の音声を聞きながら、耳にした音声を大きな声で復唱する練習をすればいいのです。通訳トレーニングの世界では、耳で聞いた音声にちょっとだけ遅れながら同じ音を口に出す「シャドーイング」という練習を行いますが、まさにこの練習が、脳と耳と口をつなぐ効果的なトレーニングとなるのです。

最後に、最も大切なのは「楽しむ」ことです！ 外国語を話すことは簡単ではありませんが、楽しく学ぶ姿勢を忘れてはいけません。嫌なことは長続きしませんし、気乗りしない学習で効果を出すことは非常に難しいからです。英語を楽しく学ぶことで、新しい経験や考えへの扉が開き、海外の人たちとの新たな友情関係も生まれてくることでしょう！

Abroad

Traveling

海外旅行編

リスニング

This is the Westin Hotel.
How may I help you?

スピーキング

部屋を予約したいのですが。

I'd like to

リスニング

What kind of room would you like?

スピーキング

クイーンサイズのベッド
2つの部屋でお願いします。

◀ ほかにも
言いたい

1 朝食をつけてください。

2 大人2人と子ども1人です。

3 どんなタイプの部屋がありますか?

001

リスニング

What dates will you be staying?

スピーキング

8月20日から23日です。

リスニング

Do you want a standard room or an ocean view?

スピーキング

オーシャンビューの部屋がいいです。

④ キャンセル料はかかりますか?

⑤ エキストラベッドは入れられますか?

⑥ 予約の変更をしたいのですが。

リスニング

This is the Westin Hotel. How may I help you?
ウェスティンホテルです。ご用件は?

スピーキング

➡ **I'd like to reserve a room.**
部屋を予約したいのですが。

「…したいのですが」は、I'd like to ... を使って伝えましょう。「予約する」はreserve ですね。ほかにも、Do you have any rooms available?「利用できる部屋はありますか?」、あるいは Do you have any vacancies?「空きはありますか?」と尋ねてもOKです。available は「利用できる」、vacancy は「空き」。

リスニング

What kind of room would you like?
どんなタイプのお部屋がよろしいですか?

スピーキング

➡ **A room with two queen-size beds, please.**
クイーンサイズのベッド2つの部屋でお願いします。

日本と違い、アメリカのホテルの部屋はベッドの数で「シングル」「ツイン」のようには呼びません。キングサイズのベッド1つの部屋か、クイーンサイズのベッド2つの部屋が一般的です。

◀: ほかにも
言いたい

(1) I'd like to include breakfast.

(2) Two adults and one child.

(3) What rooms do you have available?

リスニング

What dates will you be staying?
いつからいつまでご滞在ですか?

スピーキング

➡ ## August 20th to the 23rd.
8月20日から23日です。

From August 20th to the 23rd. と言ってもかまいませんが、fromは省略されることが多いです。また、最初の20thの前にはthe を入れないのがふつうですよ。日にちは1stや2nd、3rdなどの序数を使うことにも注意しましょう。

リスニング

Do you want a standard room or an ocean view?
スタンダードルームがいいですか? それともオーシャンビューがいいですか?

スピーキング

➡ ## I'd like a room with an ocean view.
オーシャンビューの部屋がいいです。

「オーシャンビューの部屋」は「海の景色を伴った部屋」と考えて、a room with an ocean view と訳しましょう。ほかにも、handicap accessible room「ハンディキャップルーム」、room near the elevator「エレベーターのそばの部屋」、room on the first / top floor「1階/最上階の部屋」などと指定してもいいでしょう。

④ Is there a cancellation fee?

⑤ Can we get a rollaway bed?

⑥ I'd like to change my reservation.

リスニング

Do you already have a boarding pass?
搭乗券

スピーキング

はい、このスマホに入っています。

リスニング

What can I do for you?

スピーキング

このフライトは
どのゲートから出発しますか？
depart

ほかにも
言いたい

① 通路側の席にしてください。

② 隣どうしの席にしてください。

108 ③ 席が離れても大丈夫です。

002

リスニング

Will you be checking in any luggage?

スピーキング

スーツケースを1つ預けたいです。

リスニング

There is a fee for bags over 30 kilos.

スピーキング

こちらのスーツケースに少し移します。

④ 窓際の席でお願いします。

⑤ ビジネスクラスにアップグレードできますか?

⑥ シーフードのアレルギーがあります。

リスニング

Do you already have a boarding pass?
搭乗券はお持ちですか?

スピーキング

➡ **Yes. It's here on my phone.**
はい、このスマホに入っています。

「画面の上に出ている」という感覚なので、前置詞はonを使います。スマホを見せると、ついているバーコードをスタッフがスキャニングして搭乗手続きが完了します。搭乗券は空港にあるkiosk(キオスク)と呼ばれる自動発券機のような専用機器からも印刷できます。boarding passは「搭乗券」。

リスニング

What can I do for you?
どういたしましたか?

スピーキング

➡ **What gate does this flight depart from?**
このフライトはどのゲートから出発しますか?

「どのゲート」はwhat gate、「…から出発する」はdepart from ... を使って表現できます。また、What can I do for you? は、スタッフや店員が客に向かって「何かできることはありますか?」と尋ねるフレーズです。

◄ ほかにも
言いたい

(1) Aisle seat, please.

(2) We'd like to sit next to each other.

(3) It's okay if our seats are seperate.

リスニング

Will you be checking in any luggage?

預ける荷物はありますか?

スピーキング

➡ **I want to check one suitecase.**

スーツケースを1つ預けたいです。

> checkはふつう「調べる」という意味で使いますが、空港やホテルの
> check in「チェックインする/搭乗手続きをする」から転じて、荷物な
> どを預け入れるときにも使われるようになりました。また、luggageに
> sがついておらず単数形なのは、集合名詞だからです。

リスニング

There is a fee for bags over 30 kilos.

30キロを超えるバッグには料金がかかります。

スピーキング

➡ **I'll move some stuff to this suitcase.**

こちらのスーツケースに少し移します。

> 詳しく名前に言及しないで「物事」を指すときには、stuffを使います。
> 例えば、I've got stuff to do.「私にはやることがあるんです」は、
> stuffを「こと」という意味で使った表現ですよ。feeは「手数料/料
> 金」。

④ I'd like a seat by a window.

⑤ Can I upgrade to business class?

⑥ I'm allergic to seafood.

Plus alpha 5

空港のピクトグラム

Airport Icons

空港にあるさまざまなピクトグラムと、
その英単語を集めました。場所を尋ねた
いときにも使える単語です。

忘れ物取扱所
▶ **Lost and found**

コインロッカー
▶ **Coin lockers**

カート
▶ **Cart**

銀行／両替
▶ **Bank / Currency exchange**

出発
▶ **Departures**

到着
▶ **Arrivals**

手荷物受取所
▶ **Baggage claim**

乗り継ぎ
▶ **Connecting flights**

税関／荷物検査
▶ **Customs / Security**

出国手続／入国手続／検疫／書類審査
▶ **Immigration / Quarantine / Inspection**

リスニング

Would you like something to drink?

スピーキング

**コーヒーください。
クリームや砂糖はいりません。**

リスニング

Are you cold?

スピーキング

ええ、毛布をもらえますか?

◀ ほかにも
言いたい

1 席を倒してもかまいませんか?

2 すみません、通りたいんですが。

3 日本の雑誌はありますか?

リスニング
Is there something wrong?

スピーキング
席を替えたいんです。

リスニング
Is there a problem with your headphones?

スピーキング
これはどうやって使うのですか?

④ 夕食はあとでもらえますか?

⑤ 片付けてもらえますか?

⑥ すみません。アナウンスは何と言ったんですか?

リスニング

Would you like something to drink?
お飲み物はいかがですか?

スピーキング

➡ **Coffee please. No cream, no sugar.**
コーヒーください。クリームや砂糖はいりません。

I'd like my coffee black, please.「コーヒーはブラックでお願いします」などと言ってもOK。クリームや砂糖が欲しいときは、Two creams and one sugar.「クリーム2つと砂糖1つ」のように数を指定しながら伝えるといいですね。

リスニング

Are you cold?
寒いですか?

スピーキング

➡ **Yes. Could I have a blanket?**
ええ、毛布をもらえますか?

相手にお願いをしたいとき、May ... ／ Could ... ／ Can ...? のいずれを使っても現代のアメリカ英語では同じていねい度になります。かつて教科書で習ったルールとは異なっているかもしれませんね。もっとていねいに言いたいときには、最後に ..., please. を加えて、Could ..., please? のように表現しましょう。

◀ξ ほかにも
　　言いたい

(1) Do you mind if I recline my seat?

(2) Excuse me. I need to get by.

(3) Do you have any Japanese magazines?

リスニング

Is there something wrong?

何かお困りですか?

スピーキング

➡ ## I'd like to change seats.

席を替えたいんです。

今の席と新しい席の2つが必要ですから、seatsと複数形にするのを忘れずに。近くの人に席の交換をお願いする場合には、Would you mind changing seats with me?「私と席を交換してもらえますか?」と言ったあと、I want to sit next to my wife.「妻の隣に座りたいんです」などと理由を加えるといいでしょう。

リスニング

Is there a problem with your headphones?

ヘッドフォンがどうかしましたか?

スピーキング

➡ ## How do I use them?

これはどうやって使うのですか?

物の使い方を尋ねるときは、【How do I use ＋名詞?】の形を使うと便利です。ヘッドフォンは1セットでも複数扱いの名詞なので注意しましょう。また、壊れていると思ったときは、They are broken.「壊れてます」、They don't work.「動きません」のように言います。

④ Could I have my dinner later?

⑤ Could you take this for me?

⑥ Excuse me. What did that announcement say?

117

リスニング

What is the purpose of your visit?

スピーキング

観光です。

リスニング

Do you have a problem?

スピーキング

荷物が見つからないんです。

ほかにも
言いたい

1 ロスのセンチュリーホテルに泊まります。

2 私は交換留学生です。

3 1週間滞在します。

リスニング

What does your luggage look like?

スピーキング

ネームタグのついた
ピンクのスーツケースです。

004

collect any outsize
e or
recl

リスニング

Do you have anything to declare?

申告する

スピーキング

いいえ。何もありません。

4 スーツケースが1つ出てこなかったんです。

5 スーツケースが壊れています。

6 セキュリティーでの待ち時間はどのくらいですか？

リスニング

What is the purpose of your visit?
旅の目的は何ですか?

スピーキング

➡ ## Sightseeing.
観光です。

purpose of one's visitは、「旅の目的」という意味のフレーズです。Business or pleasure?「仕事ですか? 観光ですか?」と聞かれることもありますよ。答えるときは、Business.「ビジネスです」、Pleasure.「観光です」、Both.「両方です」などがいいですね。

リスニング

Do you have a problem?
お困りですか?

スピーキング

➡ ## I can't find my luggage.
荷物が見つからないんです。

スーツケース1つなら、I can't find my suitcase.「スーツケースが見つかりません」とも表現できます。ただし、一般的には荷物の数に関係なく、baggageやluggageを使って表現します。luggageやbaggageには複数のsをつけないことに注意してくださいね。

◀ ほかにも
言いたい

① I'm staying at the Century Hotel in LA.

② I'm an exchange student.

③ I'm staying for one week.

004

What does your luggage look like?

あなたの荷物の特徴は？

➡ **It's a pink suitcase with a name tag.**

ネーム・タグの ついたピンクのスーツケースです。

「ピンクのスーツケース」も「ネームタグ」も、お互いの共通認識では
ないため、冠詞にはaを使います。look like ... は「…に見える」とい
う意味で、外見の特徴を尋ねるときに使われます。荷物の特徴を伝え
るほかのフレーズは、roll-aboard suitcase「車輪とハンドルつきの機
内持ち込み可能なサイズのスーツケース」など。

Do you have anything to declare?

申告するものはありますか？

➡ **No. Nothing.**

いいえ。何もありません。

Are you carrying any meat or vegetable products?「肉や野菜製品
を持っていますか？」と聞かれることもあります。罰則があるので、料
理した食べ物などでも申告しましょう。declareは動詞「申告する」。
anything to declareは、「申告すべき何か」。

④ One of my suitcases didn't come out.

⑤ My suitcase is damaged.

⑥ How long is the wait at security?

リスニング

Next in line, please.

スピーキング

シカゴに行きたいのですが。
Chicago

リスニング

The fare is \$20 per person.

スピーキング

大人2枚お願いします。

◀ ほかにも
言いたい

1 ワシントン駅まで何駅ですか？

2 次の電車は何時に来ますか？

3 セントルイスに行くにはどこで乗り換えたらいいですか？

ここからは電車で移動。駅のインフォメーションで、切符の買い方を教えてもらおう。

リスニング

You need to change trains at Grand Central.

グランドセントラル（駅）

005

スピーキング

そこへはどのくらい時間がかかりますか?

リスニング

Here is your ticket to Washington.

スピーキング

この電車は何番線から出発しますか?

④ メトロカードの買い方を教えてください。

⑤ 乗り放題のチケットはありますか?

⑥ その駅に快速は止まりますか?

リスニング

Next in line, please.
次の方どうぞ。

スピーキング

➡ **I want to go to Chicago.**
シカゴに行きたいのですが。

next in lineは「列の次の人」という意味です。Next in line, please.
なら、「列の次の方どうぞ」になります。ちなみに「往復」はround trip、
「片道」はone wayと表現します。「往復切符」は、round-trip ticket
と表現することができます。また、「目的地」は英語ではdestination
と言います。

リスニング

The fare is $20 per person.
料金はひとり20ドルです。

スピーキング

➡ **Two adult tickets, please.**
大人2枚お願いします。

乗り物の「料金」には、fareという単語を使います。bus fare「バス料
金」、train fare「電車賃」、cab / taxi fare「タクシー料金」といった具
合ですね。交通料金以外の手数料や入場料などはfeeです。また、per
personは、「1人につき」という意味です。

◀ᴇ ほかにも
言いたい

(1) How many stops before Washington Station?

(2) When does the next train arrive?

(3) Where do I change trains to get to St. Louis?

005

You need to change trains at Grand Central.

グランドセントラル駅で乗り換える必要があります。

➡ **How long does it take to get there?**

そこへはどのくらい時間がかかりますか？

かかる時間を尋ねる「…するにはどのくらいかかりますか?」は、How long does it take to ...? を使って表現します。また、change trainsは、電車を一方から別のものに乗り換えるので複数形になっている点に注意しましょう。changeの代わりに、switch trainsと言っても大丈夫ですよ。

Here is your ticket to Washington.

こちらがワシントンまでの切符です。

➡ **What platform does this train leave from?**

この電車は何番線から出発しますか？

「出発する」は、leave fromの代わりにdepart from ...「…から出発する」も使えます。ただし、departは、空港や駅などで使う専門的な動詞なので、日常会話ではleaveのほうが一般的です。また、Here is ...「こちらが…です」は、相手に何かを手渡すときのひとことですね。

④ Can you show me how to buy a MetroCard?

⑤ Do you have an all-you-can ride pass?

⑥ Do the express trains stop at that station?

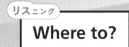

リスニング

Where to?

スピーキング

グランドハイアットホテルまで
the Grand Hyatt Hotel
行ってください。

リスニング

We are right here on this map.

スピーキング

ここに行ってください。

ほかにも
言いたい

1 料金はだいたいいくらになりますか?

2 荷物をトランクに入れてもらえますか?

3 おすすめの地元のレストランはありますか?

リスニング

Is this the block you wanted?

スピーキング

ええ、あの赤信号のところで
red light
止めてください。

リスニング

That will be $17.50.

スピーキング

20ドルあります。
おつりは取っておいて。

4 行くのにいい場所はありますか?

5 メーターが動いてないですよ。

6 エアコンを弱めてもらえますか?

リスニング

Where to?
どこまで行きますか?

スピーキング

➡ **The Grand Hyatt Hotel, please.**
グランドハイアットホテルまで行ってください。

場所のあとに ..., please. をつけるだけでOKです。アメリカではタクシー運転手が移民であることもしばしば。英語が伝わらないこともあるため、行き先の住所を運転手に見せられるように書いておくのもおすすめです。

リスニング

We are right here on this map.
今は地図のここにいますね。

スピーキング

➡ **I'd like to go here.**
ここに行ってください。

Take me here, please. 「ここに連れていってください」でも同じ内容が伝わります。また、住所を書いたメモなどがあればそれを見せながら、Take me to this address, please. 「この住所にお願いします」と言いましょう。

◀ ほかにも
　言いたい

(1) About how much will the fare be?

(2) Could you put this luggage in the trunk for me?

(3) Is there a local restaurant you recommend?

リスニング

Is this the block you wanted?
このブロックでよかったですか?

スピーキング

➡ **Yes, please stop at that red light.**
ええ、あの赤信号のところて止めてください。

「…で止まる」はstop at ... 、「赤信号」はred lightですね。ほかにも、Go
a little bit further please. 「もう少し先まで行ってください」や、
Anywhere around here is fine.「この辺のどこでもいいです」などの言
い方も覚えておくと便利です。blockは「区画」。

リスニング

That will be $17.50.
17ドル50セントですね。

スピーキング

➡ **Here's $20. Keep the change.**
20ドルあります。おつりは取っておいて。

「…を取っておく」は、keep ... を使って伝えます。「おつり」はchange
です。ほかにも、Here's $30. Let me get $5 change.「30ドルあるの
で5ドルおつりをください」や、Add $5 for a tip.「チップ分として5
ドル加えてください」なども言えますよ。ちなみに、$17.50の読み方
は、seventeen dollars and fifty centsです。

④ Are there any good places to visit?

⑤ The meter isn't moving.

⑥ Can you turn the AC down, please?

リスニング

Check in is not until 3 p.m.

スピーキング

それまで荷物を預かって
<u>until</u>
もらえますか?

リスニング

Good afternoon. Checking in?

スピーキング

はい。田中で予約しています。
<u>under</u>

ほかにも
言いたい

❶ 日本語が話せるスタッフはいますか?

❷ 貴重品を預かってほしいのですが。

❸ チップです。

チェックインの時間より早めに着いちゃった。荷物だけ先に預かってもらって、さっそく観光に行こう。

リスニング

Two rooms for two nights, correct?

スピーキング

はい、それぞれ1部屋で予約してあります。

リスニング

We can deliver that luggage to your room.

スピーキング

ありがとう。このスーツケース2つお願いします。

❹ 朝食は何時からですか?

❺ チェックアウトをお昼にしたいです。

❻ これが予約の控えです。

リスニング

Check in is not until 3 p.m.
3時まではチェックインできません。

スピーキング

➡ **Can you hold my luggage until then?**
それまで荷物を預かってもらえますか?

> 「預かる」はholdを使います。「それまで」はuntil thenですね。ほかに
> も、Can I check my luggage with you?「荷物を預けられますか?」、
> Can I have these bags delivered to my room later?「あとで部屋に
> このカバンを届けてくれますか?」などと頼んでもOKですよ。

リスニング

Good afternoon. Checking in?
こんにちは。チェックインですか?

スピーキング

➡ **Yes. I have a reservation under Tanaka.**
はい。田中で予約しています。

> 「…の名前で」のunder ... は、under the name (of) ... としてもOKで
> す。予約していない場合は、I don't have a reservation.「予約してい
> ません」と言ってから、Do you have any vacancies?「空きはありま
> すか?」と尋ねましょう。

◀€ ほかにも
　　言いたい

(1) Do you have any Japanese-speaking staff?

(2) I would like you to hold some valuables for me.

(3) Here is your tip.

Two rooms for two nights, correct?
2部屋で2泊のご予約ですね?

➡ **Yes, we reserved one room each.**
はい、それぞれ1部屋で予約してあります。

..., correct? は「…で正しいですか?」と、相手に確かめる言い方です。ちなみに、部屋の位置の希望がある場合は、We'd like to be on the same floor.「同じフロアにしてください」、We'd like to be next to each other.「隣同士がいいです」などのフレーズが使えます。

We can deliver that luggage to your room.
荷物を部屋にお運びできますよ。

➡ **Thanks. These two suitcases, please.**
ありがとう。このスーツケース2つお願いします。

チップを節約したいなどの理由で自分で運びたい場合は、That's okay. I can manage it. / I got it.「大丈夫です。自分でできますから／自分でやります」のように伝えましょう。deliverは「配達する／運ぶ」という意味の動詞です。

④ What time is breakfast served?

⑤ I'd like to check out at noon.

⑥ Here's my reservation confirmation.

Scene
008 **Q**uestion | フロント

リスニング

Good evening. How can I help you?

スピーキング

この辺にいい
ケイジャン料理店はありますか?
Cajun

リスニング

The Creole is quite popular.
クレオール(店名)

スピーキング

歩ける距離ですか?

ほかにも
言いたい

1 近くによい観光スポットはありますか?

2 そこへはどうやって行けばいいですか?

3 この辺にお土産屋さんはありますか?

夜ごはんのお店、まだ決めてなかったな。フロントでコンシェルジュに
相談してみよう。

track
34

リスニング

It's a bit far to walk.

スピーキング

タクシーを呼んでもらえますか?

008

リスニング

Are you ready now?

スピーキング

いいえ。6時にしてください。

4 Wi-Fiのパスワードは何ですか?

5 コンセントの変圧器って借りられますか?

6 利用できるコンピューターはありますか?

135

リスニング

Good evening. How can I help you?
こんばんは。何かご用でしょうか?

スピーキング

➡ **Is there a good Cajun restaurant around here?**
この辺にいいケイジャン料理店はありますか?

around here は、near here「この近くに」としてもかまいません。Cajunはルイジアナの地方料理の名称です。Cajun restaurant の Cajunの部分を変えて、Italian restaurant「イタリア料理店」、French restaurant「フランス料理店」などと応用してください。

リスニング

The Creole is quite popular.
クレオールがかなり人気です。

スピーキング

➡ **Is it within walking distance?**
歩ける距離ですか?

「…の範囲内」を表すwithinを使った表現です。ほかには、Can I walk there?「歩いて行けますか?」、Is it close enough to walk?「歩けるくらい近いですか?」などもOK。It's too far to walk.「遠すぎて歩けません」などの返事がくるでしょう。

◀ ほかにも
　言いたい

① Are there any good tourist attractions nearby?

② How do I get there?

③ Is there a souvenir shop around here?

808

リスニング

It's a bit far to walk.
歩くにはちょっと遠いです。

スピーキング

➡ ## Could you get me a taxi?
タクシーを呼んでもらえますか?

タクシーは正式にはtaxicabと呼ばれていましたが、今はtaxiあるいはcabと、省略して呼ばれています。ちなみに、スタッフがI recommend a taxi.「タクシーをお勧めします」のように勧めてくれることもあります。a bitは、a littleと同じで「ちょっと/少々」という意味です。

リスニング

Are you ready now?
準備はできていますか?

スピーキング

➡ ## No. Let's make it six o'clock.
いいえ。6時にしてください。

Let's make it ... は、何かを決めるときの「…にしましょう」という言い方です。Let's make it Saturday.「土曜にしましょう」、Let's make it $20.「20ドルにしましょう」などと応用できます。

④ What's the Wi-Fi password?

⑤ Do you have a power adapter I could borrow?

⑥ Is there a computer I can use?

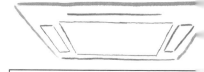

Plus alpha α6

track **35**

ホテルの部屋から
From the Hotel Room

フロントに電話をかけるときに使える
フレーズを集めました。要望やトラブル
について伝えられる、お役立ちのひとこ
とです。

エアコンの効きが悪いです。
▶ The AC is not working right.

シャワーのお湯が
まったく出ないんです。
▶ I don't have any hot
water in the shower.

隣があまりにも騒がしくて。
▶ **The room next to me
is too noisy.**

蛇口が壊れています。
▶ The faucet is broken.

トイレが詰まってしまいました。
▶ **The toilet is backed up.**

ルームサービスをお願いします。
▶ Room service, please.

フロントです。何かお困りですか？
▶ This is the front desk.
　 How may I help you?

1053号室の星野です。
▶ This is Hoshino in room
　 ten fifty-three.

Wi-Fiの電波が悪いのですが。
▶ The Wi-Fi signal
　 in my room is weak.

USBケーブルを貸してもらえますか？
▶ Can you lend me a USB cable?

タオルだけ交換してください。
▶ Just replace the towels please.

139

リスニング

This is Tim at the front desk.

スピーキング

滞在を延長できますか?
extend

リスニング

Good morning.

スピーキング

チェックアウトをお願いします。

ほかにも
言いたい

1 これが部屋のキーです。

2 フロントに貴重品を預けました。

3 戻るまで荷物を預かってもらえますか?

リスニング

Here is your receipt.

スピーキング

ん！
この金額は何でしょうか？

600

リスニング

Thank you for staying with us.

スピーキング

荷物を
夕方まで預かってもらえますか？

4 午後4時には戻ってきます。

5 2部屋分の領収書をまとめてください。

6 株式会社高橋書店の宛名で領収書をください。

141

リスニング

This is Tim at the front desk.
フロントのティムです。

スピーキング

➡ **Can I extend my stay?**
滞在を延長できますか?

Can I extend my stay for two more days?「滞在を2日間延ばせます
か?」のように日数をつけてもOK。遅くチェックアウトしたいときは、
Can I arrange for a late checkout?「遅めのチェックアウトをお願い
できますか?」と頼みましょう。arrangeは「あらかじめ取り決める/
手配する」という意味。

リスニング

Good morning.
おはようございます。

スピーキング

➡ **I'd like to checkout, please.**
チェックアウトをお願いします。

同じ意味の、Checking out.「チェックアウトします」というフレーズ
を使ってもいいでしょう。また、スタッフのほうからChecking out?
「チェックアウトですか?」と聞かれることもよくあります。

📢 ほかにも
言いたい

(1) Here's the room key.

(2) I had the front desk hold some valuables.

(3) Can you keep my luggage until I return?

Here is your receipt.
こちらが領収書でございます。

➡ **Wait a minute! What is this charge?**
ん！この金額は何でしょうか？

「ちょっと待って！」と言いたいときには、Wait a second / sec! あるいは、Just a minute / second / sec! とも言えます。「請求金額」は名詞 charge で表します。何の金額か尋ねたので、That charge was for the coffee you ordered.「そちらはご注文なさったコーヒーの金額です」のような返事が来るはずです。

600

Thank you for staying with us.
ご滞在ありがとうございました。

➡ **Can you hold my luggage until this evening?**
荷物を夕方まで預かってもらえますか？

ここの hold は「取っておく」という意味の動詞です。Can I leave my luggage here until ...?「…までここに荷物を残していいですか？」、Can you store my luggage here until ...?「…まで荷物をここで保管してもらえますか？」なども使えます。

④ I'll be back at 4 p.m.

⑤ Put both rooms on one receipt please.

⑥ Make the receipt out to Takahashi Shoten Co., Ltd.

リスニング

Would you like to try that on?

スピーキング

見てるだけです、ありがとう。

リスニング

How do you like that dress?

スピーキング

いいですね。試着はできますか?

ほかにも言いたい

1 ハンドバッグ売り場はどこですか?

2 ちょっと高いです…。

3 もうちょっと安いのはありますか?

リスニング
How does it fit?

スピーキング
私にはちょっと大きいです。

リスニング
That looks great on you!

スピーキング
ありがとう。これをいただきます。

4 またあとで来ますね。決められなくて。

5 カードは使えますか?

6 アップルペイで支払えますか?

145

リスニング

Would you like to try that on?
それ、試着なさいますか?

スピーキング

➡ **I'm just looking, thanks.**
見てるだけです、ありがとう。

「ただ見ているだけ」はbe just lookingです。ほかにもI'm just looking around / browsing / window-shopping. 「ちょっと見て回っている/眺めている/ウインドーショッピングしているだけです」なども、同じ場面で使えます。

リスニング

How do you like that dress?
そちらのワンピース、いかがですか?

スピーキング

➡ **I like it. Can I try it on?**
いいですね。試着はできますか?

「それを試着する」はtry it onです。「試着室」はふつう、fitting roomsと表記されます。試着室に行きたいときは、Where are your fitting rooms? 「試着室はどこですか?」と尋ねれば、店員さんに案内してもらえます。

◀⋮ ほかにも
　　言いたい

① Where are your handbags?

② That's a little expensive.

③ Do you have anything cheaper?

リスニング

How does it fit?

サイズはどうですか?

スピーキング

➡ **It's a little too big for me.**

私にはちょっと大きいです。

Do you have a size 3?「3号はありますか?」などと続けてもいいでしょう。fitは「フィットする／ぴったりくる」。洋服などのサイズは、数字以外にも、P (petite)、S (small)、M (medium)、L (large)、XL (extra large)、XXL (double extra large)、XXXL (triple extra large) などがあります。

010

リスニング

That looks great on you!

すごくお似合いですよ!

スピーキング

➡ **Thanks. I'll take it.**

ありがとう。これをいただきます。

買い物中の「これにします」「これください」は、takeを使ったI'll take it. が決まり文句です。さらに違う商品を見たいときには、I'd like to try on a different color.「ほかの色を試してみたいです」のように言いましょう。

④ I'll come back later. I can't decide.

⑤ Do you take credit cards?

⑥ Can I pay by Apple Pay?

リス_{ニング}

Do you want this delivered?

スピーキング

日本に配送できますか？

リス_{ニング}

What are you looking for?

スピーキング

地域で作られたものはありますか？
locally

◀ ほかにも
言いたい

❶ 消費期限はありますか？

❷ 別々の袋に入れてもらえますか？

❸ どれがいちばん人気ですか？

リスニング

These chocolates are local favorites.

スピーキング

常温で保存できますか?

リスニング

These are assorted chocolates.

スピーキング

中身は小分けになっていますか?

4 これは免税で買えますか?

5 もうちょっとほかの買い物をします。

6 レジで取っておいてもらえますか?

リスニング

Do you want this delivered?
配送をご希望ですか?

スピーキング

➡ ## Can you deliver to Japan?
日本に配送できますか?

ほかにも Do you deliver?「配送はしていますか?」、Do you offer free delivery?「無料配送はありますか?」、Can you deliver this to my hotel?「これをホテルまで届けてもらえますか?」といった尋ね方もできます。want ... delivered で「…を配送してほしい」という意味。

リスニング

What are you looking for?
何をお探しですか?

スピーキング

➡ ## Do you have anything made locally?
地域で作られたものはありますか?

「地域で作られた/地域でできた」は、made locally と言います。Do you sell any local specialty goods?「地域の特産品は売っていますか?」と聞いてもいいでしょう。国によっては、地域の特産ということをあまり意識しない場合もあります。

◀€ ほかにも
言いたい

(1) Does this have an expiration date?

(2) Can you bag these seperately for me?

(3) Which of these are the most popular?

リスニング

These chocolates are local favorites.
このチョコレートは地元で人気なんです。

スピーキング

➡ **Can I store them at room temperature?**
常温で保存できますか?

「保存する」は動詞storeが使えます。「温度」はtemperatureなので、「室温」はroom temperatureです。常温ではダメなときは、That needs to be refrigerated.「冷蔵保存が必要です」、That needs to be kept frozen.「冷凍する必要があります」のように返事が来るでしょう。

011

リスニング

These are assorted chocolates.
こちらはチョコレートの詰め合わせです。

スピーキング

➡ **Are they wrapped individually?**
中身は小分けになっていますか?

「小分け」は、「個別に包まれている」と考えればOK。「包む」を意味するwrapは、動詞のほかに、物を包むための紙やプラスチックなどの素材を指すこともあります。「個々に/個別に」は、副詞individuallyで表します。assorted ... は「…の詰め合わせ」という意味です。

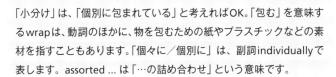

④ Can I buy this duty free?
⑤ I'm going to shop some more.
⑥ Can I leave this at the register?

リスニング

Thank you for calling the Lobster Loft.
ロブスターロフト（店名）

スピーキング

予約したいのですが。

リスニング

How many will be in your party?

スピーキング

はっきりしないんですが、
3、4人です。

ほかにも
言いたい

1 5人って入れますか?

2 ここで待ちます。

3 またあとで来てみます。

このあたりで有名なレストランだから、行く前に予約しておこう。おいしい料理、楽しみだなあ！

リスニング

Do you have a seating preference?

スピーキング

窓に近い席をお願いします。

リスニング

Welcome to the Lobster Loft.

スピーキング

2名で予約をしています。

4 禁煙席でお願いします。

5 この辺に喫煙所はありますか?

6 街の夜景が見える席がいいです。

リスニング

Thank you for calling the Lobster Loft.
ロブスターロフトにお電話ありがとうございます。

スピーキング

➡ **I'd like to make a reservation.**
予約したいのですが。

「予約する」は、make a reservationと言います。ほかにも、Do you have a table available at 7 p.m. tonight?「今夜7時に空いている席はありますか?」と聞くこともできます。そもそも予約できるかわからないときには、Do you take reservations?「予約を受けていますか?」のように尋ねましょう。

リスニング

How many will be in your party?
何名様でしょう?

スピーキング

➡ **I'm not sure but three or four.**
はっきりしないんですが、3、4人です。

partyは「パーティー」ではなく「グループ」のことを指しています。「グループは何名になりますか?」と尋ねられているんですね。サービス業界の用語なので、それ以外では使用されません。返事は、Five.「5人です」のように数字で答えるだけでも大丈夫です。

◀) ほかにも
言いたい

(1) Is there room for five of us?

(2) We'll wait here.

(3) I'll come back later.

リスニング

Do you have a seating preference?
お席のご希望はありますか?

スピーキング

➡ **We'd like a seat near the windows.**
窓に近い席をお願いします。

レストランやバーの座席には、booth「ブース席」、table「テーブル席」、high-top「ハイトップ」などの種類があります。「ハイトップ」は高いカウンターで立ち飲みしたり、高いイスに腰掛けたりする席を指します。答えの最後に ..., if possible「できれば」と加えてもOK。

リスニング

Welcome to the Lobster Loft.
ロブスターロフトへようこそ。

スピーキング

➡ **We have reservations for two.**
2名で予約をしています。

partyという単語を使って、Party of two under the name of ...「…の名前の2名グループです」のように答えてもいいでしょう。また予約がなく混雑しているときに、待ち時間を聞きたければ、How long is the wait?「どれぐらい待ちますか?」と言いましょう。

④ **Non-smoking section, please.**

⑤ **Is there a smoking area around here?**

⑥ **I'd like a table with a view of the city lights, please.**

Plus alpha 7

レストランで注文する

Ordering at the Restaurant

track 40

レストランで注文するときに便利なフレーズを集めました。メニューが読めなくても、安心して注文できそうです。

ミネラルウォーターをください。
▶ I'll take a mineral water, please.

おすすめは?
▶ What do you recommend?

これはどうやって食べればいいんですか?
▶ How do I eat these?

ありがとう。ワインリストください。
▶ Thank you. Can we have the wine list?

このステーキをもうちょっと焼いてほしいのですが。
▶ I'd like this steak cooked a little more, please.

日本語のメニューはありますか?
▶ Do you have a Japanese menu?

お勘定をお願いします。
▶ We'll take our check.

あの人が食べているものをください。
▶ I'd like what he's having.

どれくらいの量ですか?
▶ What is the portion size?

小さな取り皿を2枚ください。
▶ Can we have two small plates?

リスニング

Is that for here or to go?

スピーキング
ここで食べます。

リスニング

What would you like to order?

スピーキング
ダブルチーズバーガーにします。

◀ ほかにも
言いたい

1 フライドポテトを1つ追加でください。

2 Lサイズのコーラを。

3 いちばん小さいサイズをください。

日本にもあるファストフード店。スムーズに注文できるかな。あれ、あの メニュー、日本にはないやつだ！

リスニング

Would you like to make it a combo?

スピーキング

はい、ポテトとコーラで。

リスニング

What would you like to drink?

スピーキング

アイスコーヒーをお願いします。

013

❹ 氷は入れないでください。

❺ ピクルス抜きで。

❻ 全部入れてください。

リスニング

Is that for here or to go?
持ち帰りですか？　こちらで召し上がりますか？

スピーキング

➡ **For here.**
ここで食べます。

for hereは「店内用」、to goは「持ち帰り用」という意味です。「持ち帰り」は、take outやcarry outと表現することもあります。「店内で食べる」は、dine inというフレーズでも表現できます。Take out?やDine in?などと、疑問文のイントネーションでここだけを聞かれることもあります。

リスニング

What would you like to order?
ご注文は何になさいますか？

スピーキング

➡ **I'll have a double cheeseburger.**
ダブルチーズバーガーにします。

注文のときは、I'll have ...「…をもらいます」が必須フレーズです。ほかにも、注文するときの決まり文句として、I'll take ...「…にします」や、I'd like ...「…がいいです」というパターンを覚えておきましょう。

◀ː ほかにも
言いたい

(1) I'd like an extra side of fries.

(2) I'll have a large Coke, please.

(3) I'd like the smallest size you have.

リスニング

Would you like to make it a combo?
セットになさいますか?

スピーキング

➡ **Yes, with fries and a Coke.**
はい、ポテトとコーラで。

「フライドポテト」はfriesと言います。make it ... は「それを…にする」という意味。comboは日本語の「セット」の意味で使われています。アメリカ英語ではあまりsetとは言わないんです。よくある「コンボ」は、サイドディッシュと飲み物がついてきます。

リスニング

What would you like to drink?
何を飲みますか?

スピーキング

➡ **Iced coffee, please.**
アイスコーヒーをお願いします。

ポイントは、「アイスコーヒー」ではなく「アイストゥコーヒー」と発音することです。日本の影響を受けて、アメリカでもやっとコンビニなどでアイスコーヒーが買えるようになってきましたが、レストランではまだあまり出されていません。

④ Hold the ice.

⑤ No pickles, please.

⑥ I want everything on it.

リスニング
What can I get you?

スピーキング
ウイスキーをダブルで。

リスニング
How about another?

スピーキング
そうですね。同じものを。

ほかにも
言いたい

1 ここで生演奏があると聞いたのですが。

2 どんなジャズを演奏するのですか?

3 テーブルチャージはありますか?

夜はバーに。ちょうど生演奏をやってるみたい。ここは、スマートにお酒を注文したいもの。

リスニング
Would you like something to eat?

スピーキング
フィッシュアンドチップスをください。

リスニング
Your total is \$25.

スピーキング
チップは含まれてますか？

4 ノンアルのカクテルを作ってもらえますか？

5 マティーニを辛口でください。

6 彼女にマルガリータを差し上げて。

What can I get you?

ご注文は?

➡ **I'll have a double shot of whiskey.**

ウイスキーをダブルで。

> ほかの飲み方なら、I'll have whiskey neat / straight up.「ウイスキーをストレートで」、I'll have whiskey on the rocks / over ice.「ウイスキーをロックで」、I'll have whiskey with a water / coke chaser.「ウイスキーを水/コーラと一緒に」などと表現しましょう。

How about another?

おかわりはいかがですか?

➡ **Yes. I'll take another of the same.**

そうですね。同じものを。

> 全員分のお酒のおかわりをひとことで伝えたいときには、We'll have another round.「もう一巡もらいます」と言えばOKです。have another roundは、例えばショットとチェーサーなど、1人で同時に2つの飲み物を飲んでいる場合にも使えます。

◀: ほかにも
言いたい

① I heard you have live music here.

② What kind of jazz do they play?

③ Is there a cover charge?

> **Would you like something to eat?**
> 何かつまみますか?

➡ # Let me have the fish and chips.
フィッシュアンドチップスをください。

Let me have ... は I'll take ... や I'll have ... と同じで「…をください」という意味。something to eat は「食べるための何か」=「食べ物」のこと。eat の代わりに、munch (on) や snack (on)「つまみやおやつなどをむしゃむしゃ食べる」も使えます。

> **Your total is $25.**
> 合計で25ドルになります。

➡ # Does that include the tip?
チップは含まれてますか?

「含む」は include という動詞で表します。ほかには、gratuity「チップ／心づけ」という単語を使って、Is the gratuity included? でもOKです。アメリカのレストランやバーで、6人以上の大人数での会計は、チップは料金に含まれている場合が多いので注意しましょう。

④ Can you make me a cocktail with no alcohol?

⑤ Give me a martini, extra-dry.

⑥ Give her a margarita.

リスニング

What can I get for you?

スピーキング

チェダーチーズを半ポンドください。

cheddar

リスニング

How would you like that sliced?

スピーキング

薄いサンドイッチ用のスライスで
お願いします。

ほかにも
言いたい

① ポテトサラダのSサイズをください。

② 袋はいりません。エコバッグがあります。

③ これの小さいサイズはありますか?

リスニング

Would you like to sample something?

スピーキング

ええ、
ローストビーフを味見できますか？

リスニング

Here's a sample. What do you think?

スピーキング

おいしいです。
1ポンドを薄切りでください。

015

④ お醤油は売っていますか?

⑤ 痛み止めは置いていますか?

⑥ せっけんはどこでしょうか?

リスニング

What can I get for you?
何をお取りしましょうか?

スピーキング

➡ ## A half pound of the cheddar.
チェダーチーズを半ポンドください。

1ポンドは約453グラム。量り売りの場合は、quarter-pound「4分の1ポンド」、half-pound「2分の1ポンド」、three quarters of a pound「4分の3ポンド」、one pound「1ポンド」など、4分の1ポンド単位で注文するのがふつうです。

リスニング

How would you like that sliced?
どのように切りましょうか?

スピーキング

➡ ## Thin sandwich slices, please.
薄いサンドイッチ用のスライスでお願いします。

デリカテッセンではカスタムでスライスしてくれるので、質問のように切り方を聞かれるのがふつうです。お好みで、thin「薄い」、medium「中くらい」、thick「厚い」などの単語を使って答えましょう。

◀: ほかにも
言いたい

① Can I have a small potato salad?

② I don't need a bag. I have a reuseable one.

③ Do you have this in a smaller size?

Would you like to sample something?
何か試食してみますか?

スピーキング

➡ **Yes, can I try your roast beef?**
ええ、ローストビーフを味見できますか?

ここでのsampleは、「試食品/サンプル」ではなく、「味見する」という意味の動詞です。答えるときは、Yes, can I try a sample of your roast beef? 「ええ、ローストビーフの試食品を試したいです」のように変えてもOK。こちらのsampleは名詞で「試食品」という意味ですよ。

リスニング

Here's a sample. What do you think?
どうぞ、試食品です。いかがですか?

スピーキング

➡ **It's great. I'll take one pound, shaved.**
おいしいです。1ポンドを薄切りでください。

「おいしい」はgreatで表せます。「薄切り」にしてほしいときは、shaved「削いで」を使えば、超薄切りにしてもらえます。また、さらに別のものを味見したいなら、Can I also try the ...? 「…も味見できますか?」と言えばOK。

④ Do you sell soy sauce?
⑤ Do you sell pain relievers?
⑥ Where is the bath soap?

リスニング

What show are you interested in?

スピーキング

ライオンキングのチケットが欲しいんです。

リスニング

How many?

スピーキング

大人2枚と子ども1枚で。

📢 ほかにも言いたい

1 オペラグラスは借りられますか?

2 英語がわからなくても楽しめますか?

3 この席はどこにあるのでしょうか?

リスニング
What seats would you like?

スピーキング
座席について
詳しく知らないのです。

リスニング
Here is a seating chart and pricing.

スピーキング
セクションDにします。

016

4 途中休憩の時間はどれくらいですか?

5 何時開演でしょうか?

6 ブラボー!

リスニング

What show are you interested in?
どのショーに興味がありますか?

スピーキング

➡ **I'd like tickets for *The Lion King*.**
ライオンキングのチケットが欲しいんです。

> 「…が欲しいです」は、I'd like ... で表現できます。食べ物の注文のときにも登場しましたね。「…のチケット」は、tickets for ... 。日本語にもなっているshowは基本的に「芝居」を指す言葉ですが、テレビの「番組」などもこの単語で表現します。

リスニング

How many?
何枚ですか?

スピーキング

➡ **Two adults and one child.**
大人2枚と子ども1枚で。

> 「大人」はadult、「子ども」はchildですね。それがわかれば、あとは枚数の数字をつければOK。ちなみにブロードウェイでは子ども料金はありません。また「シニア割引」はsenior citizen discountと言いますが、ミュージカルのチケットでは少ないかもしれません。

◀ ほかにも
　言いたい

(1) Can I rent opera glasses?

(2) Is it enjoyable even if I can't speak English?

(3) Where is this seat located?

リスニング

What seats would you like?
どの席がよろしいですか?

スピーキング

➡ **I'm not familiar with the seating.**
座席について詳しく知らないのです。

「…に親しみがない/…をよく知らない」は、be not familiar with ... を使います。「座席の配列」はseatingと言います。劇場/スタジアム/コンサートホールなどの座席図はseating chart / mapと呼ばれます。ちなみにもっとも安い最上階の席は、鼻血が出るほど高くて遠いことから、nosebleed seats「鼻血席」と呼ばれています。

リスニング

Here is a seating chart and pricing.
こちらが座席の図と値段です。

スピーキング

➡ **We'll take section D.**
セクションDにします。

pricingは「価格設定」です。「区画/セクション」は、sectionで表せます。劇場の「1階席」はorchestra seats、「2階席」はmezzanine seats、「3階席」はbalcony seatsと言います。脇にある「ボックス席」はbox seatsです。料金は1階席がもっとも高く設定されています。

④ How long is the intermission?

⑤ What time does the curtain go up?

⑥ Bravo!

リスニング

Welcome to the National Art Museum.

スピーキング

ガイドツアーに
申し込みたいのですが。

リスニング

Would you like a headset?

スピーキング

日本語はありますか?

◀ ほかにも
言いたい

① 日本語のパンフレットはありますか?

② この絵画はどこにありますか?

③ この絵のポストカードは売ってますか?

リスニング

This area has pieces by Gauguin.
ゴーギャン

スピーキング

この絵画はいつ頃の作品ですか？

リスニング

These pieces are mostly from the 1890's.

スピーキング

どこで描かれたものですか？

017

❹ フラッシュなしなら写真を撮ってもいいんですか？

❺ ピカソの作品はどこにありますか？

❻ 全部見るのにどのくらい時間がかかりますか？

リスニング

Welcome to the National Art Museum.
国立美術館へようこそ。

スピーキング

➡ **I'd like to join a guided tour.**
ガイドツアーに申し込みたいのですが。

「申し込みたい」は「参加したい」と考えて、動詞のjoinを使います。guideは動詞なら「案内する」、名詞なら「案内者」です。このguidedは「案内者がついた」という意味で、guided tourは「ガイドつきツアー」です。Welcome to ... は「…へようこそ」とゲストを歓迎するひとことです。

リスニング

Would you like a headset?
ヘッドセットはいかがですか?

スピーキング

➡ **Is Japanese available?**
日本語はありますか?

「日本語は利用可能ですか?」と考えればいいですね。「利用可能な」は形容詞のavailableで表します。ちなみに「音声ガイド」はaudio tour「オーディオツアー」やself-guided tour「セルフガイドツアー」などと呼ばれています。

◀ᚗ ほかにも
言いたい

(1) Do you have any pamphlets in Japanese?

(2) Where is this painting located?

(3) Do you sell any postcards of this painting?

This area has pieces by Gauguin.
このエリアにはゴーギャンの作品があります。

➡ # What period is this painting from?
この絵画はいつ頃の作品ですか?

「この絵画はいつ頃の作品ですか?」を「この絵画はどの年代から来ているのですか?」と考えて訳してみてください。「時代/年代」は、periodで表現できますよ。pieceは「(絵画などの)作品」という意味で使われています。

These pieces are mostly from the 1890's.
ここは1890年代の作品が中心です。

➡ # Where were they painted?
どこで描かれたものですか?

絵画ならpaint「描く」という動詞を使いますが、それ以外の彫刻などの作品ではmakeを用いるのが一般的です。もちろんcarve「彫る/彫刻する」やsculpt「彫る」といった動詞も使えますが、makeを使えばかんたんですね。mostly ... は「ほとんど…」という意味。

④ Can I take pictures if I don't use a flash?

⑤ Where can I find works by Picasso?

⑥ How long would it take to see everything?

リスニング

I need to check your ID.

スピーキング

パスポートでいいですか?

リスニング

Place your bets.

スピーキング

このチップを崩してもらえますか?

ほかにも
言いたい

1 最低賭け金はいくらですか?

2 これのやり方を教えてもらえますか?

3 どうやって賭ければいいのですか?

カジノってはじめて来た。入口からドキドキするなあ。ルールはわからないけど楽しもう!

リスニング

Congratulations. You win!

スピーキング

交換窓口はどこですか?
cage

リスニング

We can comp you a dinner if you like.

スピーキング

**2人分の
食べ放題ディナーがいいですね。**

018

④ ここにはスポーツブックはありますか?

⑤ 大負けだ〜!

⑥ 大当たりだ!

リスニング

I need to check your ID.
IDを確認させてください。

スピーキング

➡ **Is a passport okay?**
パスポートでいいですか?

> IDは「身分証明書」です。アメリカの法律では、飲酒やギャンブルは
> 21歳からで、21歳未満の人はカジノへは出入り禁止です。写真つき
> のIDがないと追い出される可能性がありますから、必ず携行するよ
> うにしてください。

リスニング

Place your bets.
ベットしてください。

スピーキング

➡ **Can you break this chip down?**
このチップを崩してもらえますか?

> カジノで賭けるチップはchipです。「心づけ」のチップtipと区別しま
> しょう。ドル紙幣やチップなどをより細かく「崩す」ことはbreakとい
> います。お札なら、Can you break a hundred?「100ドル札を崩せま
> すか?」のように表現できます。betは「賭け金」という意味。Place
> your bets. と言われたら、賭けたい額のチップを置きましょう。

◀ ほかにも
言いたい

① What is the minimum bet?

② Can you show me how to play this?

③ How do I place a bet?

リスニング

Congratulations. You win!
おめでとうございます。あなたの勝ちです!

スピーキング

➡ **Where is the cage?**
交換窓口はどこですか?

cageはチップを現金に交換したりできる窓口。カジノで場所を聞きたくなるものにはほかに、ticket machines「スロットマシンで発行される賞金券の両替機」、ATM machines「お金のATM」、bill breakers「紙幣を崩すための機械」など。覚えておくと便利です。

リスニング

We can comp you a dinner if you like.
よろしければ夕食に無料でご招待いたしますよ。

スピーキング

➡ **I'd like two buffet dinners, please.**
2人分の食べ放題ディナーがいいですね。

compは、complimentary「無料の/招待の/サービスの」から転じた動詞で「無料でサービスする」という意味です。カジノだけではなく、レストランやバーなどで「無料サービスする」場合にも使われます。ちなみに、ホテルなどの食べ放題を指す日本語の「バイキング」は和製英語で、正しくはbuffetと表現します。

④ **Do you have a sportsbook here?**

⑤ **I lost my shirt!**

⑥ **I hit the jackpot!**

リスニング

Where are you from?

スピーキング

日本からですよ。

リスニング

Why did you come to America?

スピーキング

友だちを訪ねる
ためにここに来ました。

◀ ほかにも
言いたい

① ニューヨーク観光がすごくよかったです。

② 明日、ワシントンDCの歴史地区を訪れます。

③ 来週はカナダに向かうんです。

散歩してたら話しかけてくれた。せっかくだし仲よくなりたい。いつか日本にも来てほしいな！

リスニング

I'd love to visit Kyoto sometime.

スピーキング

京都はきれいなところですよ。

リスニング

What is the best time of year to go?

スピーキング

秋です。紅葉がすばらしいんです。

019

④ 私のSkypeのIDを教えますね。

⑤ 日本に来たら連絡してね。

⑥ 私が東京を案内しますよ。

リスニング

Where are you from?
どこから来たの?

スピーキング

➡ **I'm from Japan.**
日本からですよ。

もっと詳しく説明したいなら、I'm from Fukuoka in Japan.「私は日本の福岡から来ました」、Fukuoka is located in southern Japan.「福岡は日本の南のほうに位置しています」、Fukuoka is known in Japan for ....「福岡は日本では…で知られています」などと加えてもいいですね。

リスニング

Why did you come to America?
どうしてアメリカに来たのですか?

スピーキング

➡ **I came here to visit friends.**
友だちを訪ねるためにここに来ました。

「友人を訪ねる」はvisit friendsですね。ほかにも、I'm here to visit friends.「友人を訪問するためにここに来ました」、I'm here to study.「ここには勉強のために来ました」、I was transferred here for work.「ここには仕事の転勤で来ました」なども一緒に覚えておきましょう。

◀: ほかにも
　　言いたい

(1) Sightseeing in New York City was awesome.

(2) Tomorrow I'm going to visit Washington DC's historical disctrict.

(3) I'm headed to Canada next week.

リスニング

I'd love to visit Kyoto sometime.
いつか京都に行ってみたいんだ。

スピーキング

➡ ### It's very beautiful there.
京都はきれいなところですよ。

Kyoto was the ancient capital of Japan.「京都は昔、日本の都でした」、It has a very long history.「とても長い歴史があるんです」、It is famous for its many temples and shrines.「多くの寺社で有名なんです」などと続けて話してもいいでしょう。ancientは「大昔の」、templeは「寺」、shrineは「神社」という意味ですね。

リスニング

What is the best time of year to go?
行くなら1年のいつ頃がいいの?

スピーキング

➡ ### Fall. The autumn leaves are gorgeous.
秋です。紅葉がすばらしいんです。

best time of yearは、「1年でもっともいい時期」という意味。アメリカ英語ではautumn / fallが「秋」を指す単語です。「紅葉」は、autumn leaves (秋の木の葉) あるいはfall colors (秋の彩り) などと表現すれば伝えることができます。

019

④ I'll tell you my Skype ID.

⑤ Get in touch with me if you come to Japan.

⑥ I'll show you around Tokyo.

+α Plus alpha 8

track 48

現地の人との
コミュニケーション

Talking with the Locals

現地の人となかよくなれるフレーズを
集めました。海外旅行先でのコミュニケ
ーションに使える表現ばかりです。

どこがいちばん気に入りましたか？
▶ **What did you like the best?**

ぜひ日本を訪問してください！
▶ **Please definately come to Japan to visit!**

ふたりはカップルですか？
▶ **Are you a couple?**

そこにはどうやって行くの？
▶ **How are we going to
get there?**

ちょっと行ったところにいい場所を知っているよ。
▶ **I know a great place up the street.**

君の旅行のお祝いにお酒をおごらせて！
▶ Let me buy you
a drink to celebrate your trip!

このあたりのナイトライフのおすすめは？
▶ Where can I go to enjoy
the nightlife around here?

米国議会議事堂は絶対にツアーで巡るべきですよ！
▶ You definately need to
tour the Capitol Building!

ありがとう！ きっと見てきますね！
▶ Thanks! I'll make sure to!

この辺にホントにおいしい
レストランはありますか？
▶ Are there any really good restaurants
around here?

リスニング

You're turning blue! Are you okay?

スピーキング

救急車を呼んでください。

リスニング

Is there a problem?

スピーキング

ええ、
だれかにカバンを盗まれました!

ほかにも
言いたい

1 助けて!

2 それ、私の荷物です! 触らないで!

3 だれか警察に電話してください!

リスニング
What's wrong with you?

スピーキング
熱があってめまいもするんです。

リスニング
Do you have insurance?

スピーキング
はい。このタイプは使えますか？
accept

020

4 泥棒！あの人を止めて！

5 左下の奥歯が痛くて。

6 おなかの調子が悪くて、下痢もしています。

リスニング

You're turning blue! Are you okay?
真っ青ですよ! 大丈夫ですか?

スピーキング

➡ **Please call an ambulance for me.**
救急車を呼んでください。

> 緊急のシーンなので、pleaseなど余計なものは省いて、Call an ambulance!「救急車を呼んで!」と言ってもかまいません。日本の110番と119番にあたる、911(ナイン・ワン・ワン)は警察や救急車を呼ぶときの番号です。ですから、Call 911!「911に電話して!」と言っても通じます。

リスニング

Is there a problem?
何かトラブルですか?

スピーキング

➡ **Yes. Someone stole my purse!**
ええ、だれかにカバンを盗まれました!

> stole「盗んだ」の代わりに、took「取った」、grabbed「ひったくった」、ripped off「ひったくった」などと言ってもOK。イギリス英語では「盗む」をpinchやnickという動詞で表現することがありますが、これはアメリカ人には通じません。

◀ﾟ ほかにも
　　言いたい

① Help me!

② That's my luggage! Don't touch that!

③ Somebody please call the police!

リスニング

> ## What's wrong with you?
> どうしましたか?

スピーキング

➡ # I have a fever and I'm dizzy.
熱があってめまいもするんです。

> 「熱」はfever、「クラクラする/めまいがする」はdizzyです。また、体の
> どこかが痛いときには、My ... hurts.「…が痛みます」と言いましょう。
> ほかにも、I can't stop coughing.「咳が止まらないんです」、I think I
> have food poisoning.「食中毒だと思います」も、いざというときのた
> めに覚えておきましょう。

リスニング

> ## Do you have insurance?
> 保険はありますか?

スピーキング

➡ # Yes. Do you accept this kind?
はい。このタイプは使えますか?

> insuranceは「保険」を指す単語です。「受け入れる/受け付ける」を表
> すacceptを使って、保険が使えるか尋ねるのがいいでしょう。「このタ
> イプ/種類(の…)」は、this kind (of ...) です。

(4) Thief! Stop him!

(5) My molar on the bottom left hurts.

(6) My stomach is upset and I have diarrhea.

著者

長尾和夫　Nagao Kazuo

福岡県出身。出版社や英会話スクールで、大学英語教科書や語学系書籍、CD-ROM、Webサイトなどの編集・制作・執筆に携わる。2005年から語学書籍の出版プロデュース・執筆・編集・翻訳などを行うアルファ・プラス・カフェ(www.alphapluscafe.com)を主宰。
〈著訳書・編書〉『英語で話す力。』『英語で書く力。』『英語で読む力。』『英語で聞く力。』『英語で考える力。』『絶対「英語の耳」になる！』シリーズ(三修社)、『日常生活　英語のトリセツ基本表現』(アスク出版)、『見たもの全部を英語で言うトレーニングブック』(秀和システム)、『起きてから寝るまで話せる英文法』『ビジネス英会話　高速変換トレーニング』(アルク)ほか、250点を超える。

トーマス・マーティン　Thomas Martin

米国在住、米国オハイオ州出身。南山大学卒業。日本語・日本史専攻。英会話スクールでの豊富な英語指導経験を活かし、同社出版局に移籍。雑誌『NOVA Station(ノヴァ・ステーション)』、語学書籍シリーズ『NOVA BOOKS』をはじめとする数多くの英語・異文化交流関連出版物の執筆・編集・翻訳などに携わる。独立後も、語学書籍の執筆・編集、知的財産権関連の翻訳、ビリヤード専門誌『CUE'S』の連載を手がけるなど活躍の場は広い。
〈著書〉『見たもの全部を英語で言うトレーニングブック』(秀和システム)、『英語で考える力。』『英語で書く力。』『絶対「英語の耳」になる！ 音声変化リスニング　パーフェクト・ディクショナリー』(三修社)などがある。

【音声アプリ「audiobook.jp」に関するお問い合わせ】
ウェブサイトのお問い合わせフォーム、または氏名・連絡先を明記のうえ、メールにてお願いいたします。
回答までに時間がかかる場合があります。なお、お電話でのお問い合わせはできません。
「audiobook.jp」ウェブサイト　https://audiobook.jp　　メールアドレス　info@febe.jp

聞き取って パッと話せる
とっさの英会話トレーニング

著　者　長尾和夫／トーマス・マーティン
発行者　高橋秀雄
発行所　**株式会社 高橋書店**
　　　　〒170-6014 東京都豊島区東池袋3-1-1 サンシャイン60 14階
　　　　電話　03-5957-7103

ISBN978-4-471-11263-9　©A+Café　Printed in Japan

Where is the Kaminari Gate?

 この通り沿いに
約5分歩いたところです。

 **Can I walk there?**

 徒歩だとちょっと遠いですよ。

 Where are we on this map?

ここの交差点にいます。

 How do I get to Kichijoji Station?

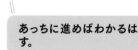 あっちに進めばわかるはずです。

How do I buy a ticket?

値段の書いてある
ボタンを押すだけですよ。

How much is a ticket to Asakusa?

料金はあの路線図に
載っています。

I don't know how to charge my fare card.

 貸してください。
私が手伝いますよ。

Which exit should I use to get to the art museum?

 公園口を使ってください。
あそこですよ。

 Which platform is the train to Ikebukuro?

 緑色のしるしの15番ホームです。

 Does this train stop at Higashi Nakano?

 いいえ。これは快速です。

歩いて行けますか？

It's a little far to walk.

雷門はどこですか？

It's about a five-minute walk down this road.

吉祥寺駅にはどう行けばいいですか？

Go that way and you can't miss it.

地図上でここはどこですか？

We are at this intersection here.

浅草まではいくらですか？

The fares are listed on that map.

どうやって切符を買うのですか？

Just push the button with the price.

美術館に行くのはどの出口ですか？

Use the Park Exit.
It's over there.

チャージの仕方がわかりません。

Here.
I can help you do that.

この電車は東中野に止まりますか？

No.
This is an express train.

池袋行きはどのホームですか？

It's platform 15, with green signs.

Is this the right train for Tokyo Station?

いいえ。中央線に乗る
必要があります。

Did something happen?

事故で電車が止まって
いるんです。

Thanks for your help.

どういたしまして。安全な旅を。

That was so nice of you to help me!

いつでもどうぞ！
日本での時間を楽しんでね。

I appreciate your help.

なんでもないですよ。
すばらしい1日を！

You are so kind. Thank you!

当然のことですから。
幸運を祈ってます！

How much is the entrance fee?

2000円です。
約20ドルですね。

Is there a public restroom around here?

ええ、100メートルほど
まっすぐ進んだところです。

Can I take pictures here?

いいえ、ここは撮影NGです。

Is there a taxi stand around here?

あの坂を下って、左に
曲がったところにあります。

何かあったのですか？

The trains are stopped due to an accident.

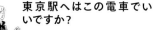

東京駅へはこの電車でいいですか？

No. You have to take the Chuo Line.

親切に助けてくれてありがとう。

Anytime!
Enjoy your time in Japan.

助かりました。

My pleasure. Safe travels.

やさしいですね。ありがとう！

Of course. Good luck!

助けてくれて感謝します。

No problem at all.
Have a great day!

この辺に公衆トイレはありますか？

Yes, it's about 100 meters straight ahead.

入場料はいくらですか？

It's 2000 yen.
About 20 US dollars.

この辺りにタクシー乗り場はありますか？

It's down that slope and to the left.

写真を撮ってもいいんですか？

No. Photographs aren't allowed here.

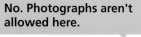

Could you please take our picture?

もちろん。いきますよ。
はいチーズ！

Can you take one with this camera too?

このボタンを押すだけですか？

Please put the Skytree Tower in the background.

全部は収まらないです。
それでもいいですか？

Did you take it?

ええ、ちゃんと撮れているか
確認してください。

This opening ceremony is really exciting!

すばらしいショーですね！

Are you having a good time?

ええ。彼らは世界最高の
選手たちですから！

Those athletes are from my country.

では、ニュージーランドから
来たんですね！

Which country are you rooting for?

日本です。
でもみんなを応援しています！

Nice to meet you. I'm Jim.

はじめまして。ケイコです。

It's nice to finally meet you.

あなたのことは、
よく聞いていますよ。

このカメラでも1枚撮ってもらえますか？

Just push this button?

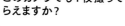
写真を撮ってもらえますか？

Sure. Ready? Say cheese!

撮れましたか？

Yes. Please check to see if it's a good photo.

スカイツリーをバックに入れてください。

It won't all fit. Is that okay?

楽しんでますか？

Yes. These are the world's best athletes!

この開会式、すごく興奮しますね！

It's an amazing show!

どこの国を応援しているんですか？

Japan. But I'm cheering for everyone.

彼らは私の国の選手です。

So you are here from New Zealand, huh?!

やっとお会いできましたね。

I've heard so much about you.

はじめまして。ジムです。

Nice to meet you, too. I'm Keiko.

Please call me Tom.

じゃあ、私はエミって呼んでね。

This is my wife, Jane.

お会いできてうれしいです。

Where do you live?

品川に住んでいます。

Do you have any brothers or sisters?

姉が2人います。

What kind of work do you do?

IT分野の仕事をしています。

Do you have a family?

妻と息子2人です。

Do you have any hobbies?

華道をやっています。

What do you do in your free time?

釣りやバーベキューが
好きなんですよ。

How do you relax after work?

いつもは熱いお風呂に
入ります。

What is a trending topic in Japan nowadays?

近づいてる
オリンピックですね。

私の妻のジェーンです。

Pleased to meet you.

▸▸▸ Scene 008 初対面のあいさつ

トムと呼んでください。

Call me Emi, then.

▸▸▸ Scene 008 初対面のあいさつ

ごきょうだいはいるのですか?

I have two older sisters.

▸▸▸ Scene 009 自己紹介

お住まいはどちらですか?

I live in Shinagawa.

▸▸▸ Scene 009 自己紹介

ご家族は?

I have a wife and two sons.

▸▸▸ Scene 009 自己紹介

ご職業は?

I work in the IT field.

▸▸▸ Scene 009 自己紹介

時間があるときは何をしていますか?

I like fishing and grilling out.

▸▸▸ Scene 010 趣味、関心

何か趣味はありますか?

I do Japanese flower arrangement.

▸▸▸ Scene 010 趣味、関心

最近、日本で話題のトピックは何?

The upcoming Olympic Games.

▸▸▸ Scene 010 趣味、関心

仕事のあとはどうやってくつろいでますか?

I usually take a hot bath.

▸▸▸ Scene 010 趣味、関心

Hey!

どう？

Hi, Yuka!

あっ、トムじゃん！

How've you been?

相変わらずだよ。

How are you doing?

最高だよ。

What a surprise!

ここで君に会うなんてね！

Long time no see!

何年ぶりかなあ？

So what have you been doing, Yuta?

別に。そっちはどう？

Hi Nao. We meet again!

今日はよく会うね。

Did your math test go well?

うん。手助けありがとう。

I hear you got the promotion!

あなたには本当に
感謝しています。

やあ、ユカ！

Hey there, Tom!

 やあ！

What's up?

 調子はどう？

I'm great.

どうしてた？

About the same thanks.

 久しぶり！

How many years has it been?

偶然だね！

Didn't expect to see you here!

 あれ、ナオ。また会ったね！

We are running into each other a lot today.

で、ユウタ、君はどうしてた？

Not much. How about you?

 昇進したって聞いたよ！

I am really grateful for what you did.

数学のテストはどうだった？

Yes. Thanks so much for your help.

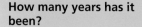

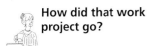
How did that work project go?

うまくいったよ、ありがとう。
ひとつ借りができたね。

If I can help, just let me know.

ほんとにありがとう。

How do you like my haircut?

すごくいいね！
よく似合ってるわ！

Did you see that movie?

すごくおもしろかったよ。

Is this a good place to visit?

そこまでじゃないですよ。

How was that Italian restaurant?

いまひとつだったよ。

I'm beat.

ひと息ついたら？

I don't feel so good.

大丈夫？

I'm a little dizzy.

休んだほうがいいよ。

You don't look like yourself.

大丈夫。何でもないよ。

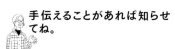
手伝えることがあれば知らせてね。

I really appreciate that.

あの仕事はどうだった？

Great, thanks.
I owe you one.

あの映画見た？

It was really interesting.

髪切ったの、どう？

I love it!
It looks great on you!

あのイタリアンの店はどうだった？

It wasn't anything special.

ここは観光するのにいいところですか？

It's not worth the effort.

具合があまりよくないんだ。

Are you okay?

疲れたなあ。

You should rest a minute.

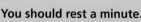

いつもの君じゃないみたい。

I'm fine. It's nothing.

ちょっとめまいがする。

You should take a break.

Why the long face?

お願いがあるんだ。

What do you need?

カメラを貸してもらえ
ませんか？

You seem to be coughing
a lot.

ちょっと咳止めが欲しいわ。

I have some cough drops.

いくつかもらってもいい？

I'm hungry!

ちょっとコンビニに寄ろうか。

I want to go somewhere
interesting.

秋葉原はどう？

Are you free next
Sunday?

ごめん、もう予定があるんだ。

I'm really looking
forward to it.

一緒にトムも誘うのはどうか
な？
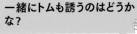

What dishes do you
recommend?

ここは焼き鳥がおいしい
ですよ。
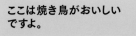

Here's to your health and
success!

乾杯！ 君にも。

何が必要？

Would you mind loaning me your camera?

浮かない顔をしているね。

I need a favor.

のど飴なら持ってるよ。

Can I have a couple?

咳が多いみたいね。

I need some cough medicine.

どこかおもしろい場所に行きたいな。

How about Akihabara?

おなか空いたなぁ！

Let's stop by a convenience store.

すごく楽しみです。

What about asking Tom to go, too?

次の日曜は空いてる？

Sorry.
I already have plans.

君の健康と成功に！

Salute! To you as well.

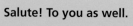

おすすめ料理は何ですか？

The yakitori here is excellent!

Where are the restrooms?

奥の左手ですよ。

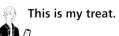

This is my treat.

いえいえ、
割り勘にしましょう。

The sun is out finally!

最高の天気ですね!

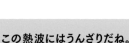

It's another hot one today.

この熱波にはうんざりだね。

It's raining like hell.

早く止むといいね。

This elevetor is so slow!

もうかなり待ってるよね。

Does anyone here speak English?

私が通訳しますよ。

What did he say?

えーと、
これは売り物じゃないそうです。

Do you have anything similar to this?

向こうのカウンターに
いくつかあるみたいです。

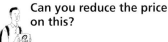

Can you reduce the price on this?

どの品も値引きはできない
そうです。

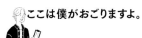
ここは僕がおごりますよ。

No no. Let's split the bill.

お手洗いってどこですか？

In the back on the left.

また今日も暑いね。

I'm so over this heat.

やっとお日さまが出ましたね！

What a gorgeous day!

エレベーターすごく遅いねえ！

We've been waiting forever!

ひどい雨だねえ。

I hope it stops soon.

彼は何と言ったんですか？

Well ... he said that this is not for sale.

だれか英語を話せる人は
いませんか？

I'll interpret for you.

これって値引きできますか？

They won't give discounts on anything.

これに似たものはありますか？

There are some on the counter over there.

This is the Westin Hotel.
How may I help you?

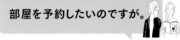
部屋を予約したいのですが。

What kind of room would
you like?

クイーンサイズのベッド
2つの部屋でお願いします。

What dates will you be
staying?

8月20日から23日です。

Do you want a standard
room or an ocean view?

オーシャンビューの部屋が
いいです。

Do you already have a
boarding pass?

はい、このスマホに入って
います。

What can I do for you?

このフライトは
どのゲートから出発しますか?

Will you be checking in
any luggage?

スーツケースを1つ預けたい
です。

There is a fee for bags
over 30 kilos.

こちらのスーツケースに
少し移します。

Would you like
something to drink?

コーヒーください。
クリームや砂糖はいりません。

Are you cold?

ええ、毛布をもらえますか?

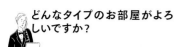

どんなタイプのお部屋がよろしいですか？

A room with two queen-size beds, please.

ウェスティンホテルです。ご用件は？

I'd like to reserve a room.

スタンダードルームがいいですか？ それともオーシャンビューがいいですか？

I'd like a room with an ocean view.

いつからいつまでご滞在ですか？

August 20th to the 23rd.

どういたしましたか？

What gate does this flight depart from?

搭乗券はお持ちですか？

Yes. It's here on my phone.

30キロを超えるバッグには料金がかかります。

I'll move some stuff to this suitcase.

預ける荷物はありますか？

I want to check one suitecase.

寒いですか？

Yes. Could I have a blanket?

お飲み物はいかがですか？

Coffee please. No cream, no sugar.

Is there something wrong?

席を替えたいんです。

Is there a problem with your headphones?

これはどうやって使うのですか？

What is the purpose of your visit?

観光です。

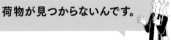
Do you have a problem?

荷物が見つからないんです。

What does your luggage look like?

ネームタグのついた
ピンクのスーツケースです。

Do you have anything to declare?

いいえ。何もありません。

Next in line, please.

シカゴに行きたい
のですが。

The fare is $20 per person.

大人2枚お願いします。

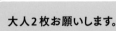
You need to change trains at Grand Central.

そこへはどのくらい
時間がかかりますか？

Here is your ticket to Washington.

この電車は何番線から
出発しますか？

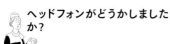
ヘッドフォンがどうかしましたか？

How do I use them?

何かお困りですか？

I'd like to change seats.

お困りですか？

I can't find my luggage.

旅の目的は何ですか？

Sightseeing.

申告するものはありますか？

No. Nothing.

あなたの荷物の特徴は？

It's a pink suitcase with a name tag.

料金はひとり20ドルです。

Two adult tickets, please.

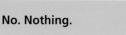

次の方どうぞ。

I want to go to Chicago.

こちらがワシントンまでの切符です。

What platform does this train leave from?

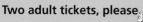

グランドセントラル駅で乗り換える必要があります。

How long does it take to get there?

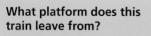

Where to?

グランドハイアットホテルまで
行ってください。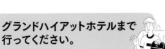

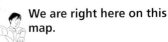 We are right here on this map.

ここに行ってください。

 Is this the block you wanted?

ええ、あの赤信号のところで
止めてください。

 That will be \$17.50.

20ドルあります。
おつりは取っておいて。

 Check in is not until 3 p.m.

それまで荷物を預かって
もらえますか？

 Good afternoon. Checking in?

はい。
田中で予約しています。

 Two rooms for two nights, correct?

はい、それぞれ1部屋で
予約してあります。

 We can deliver that luggage to your room.

ありがとう。このスーツケース
2つお願いします。

 Good evening. How can I help you?

この辺にいいケイジャン
料理店はありますか？

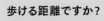 The Creole is quite popular.

歩ける距離ですか？

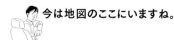 今は地図のここにいますね。

I'd like to go here.

 どこまで行きますか？

The Grand Hyatt Hotel, please.

 17ドル50セントですね。

Here's $20.
Keep the change.

 このブロックでよかったですか？

Yes, please stop at that red light.

 こんにちは。
チェックインですか？

Yes. I have a reservation under Tanaka.

 3時まではチェックインできません。

Can you hold my luggage until then?

 荷物を部屋にお運びできますよ。

Thanks. These two suitcases, please.

 2部屋で2泊のご予約ですね？

Yes, we reserved one room each.

 クレオールがかなり人気です。

Is it within walking distance?

 こんばんは。
何かご用でしょうか？

Is there a good Cajun restaurant around here?

It's a bit far to walk.

タクシーを呼んでもらえますか？

Are you ready now?

いいえ。6時にしてください。

This is Tim at the front desk.

滞在を延長できますか？

Good morning.

チェックアウトをお願いします。

Here is your receipt.

ん！
この金額は何でしょうか？

Thank you for staying with us.

荷物を夕方まで預かってもらえますか？

Would you like to try that on?

見てるだけです、ありがとう。

How do you like that dress?

いいですね。
試着はできますか？

How does it fit?

私にはちょっと大きいです。

That looks great on you!

ありがとう。
これをいただきます。

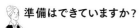

準備はできていますか？

No. Let's make it six o'clock.

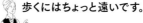

歩くにはちょっと遠いです。

Could you get me a taxi?

おはようございます。

I'd like to checkout, please.

フロントのティムです。

Can I extend my stay?

ご滞在ありがとうございました。

Can you hold my luggage until this evening?

こちらが領収書でございます。

Wait a minute! What is this charge?

そちらのワンピース、いかがですか？

I like it. Can I try it on?

それ、試着なさいますか？

I'm just looking, thanks.

すごくお似合いですよ！

Thanks. I'll take it.

サイズはどうですか？

It's a little too big for me.

Do you want this delivered?

日本に配送できますか?

What are you looking for?

地域で作られたものはありますか?

These chocolates are local favorites.

常温で保存できますか?

These are assorted chocolates.

中身は小分けになっていますか?

Thank you for calling the Lobster Loft.

予約したいのですが。

How many will be in your party?

はっきりしないんですが、3、4人です。

Do you have a seating preference?

窓に近い席をお願いします。

Welcome to the Lobster Loft.

2名で予約をしています。

Is that for here or to go?

ここで食べます。

What would you like to order?

ダブルチーズバーガーにします。

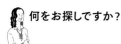 何をお探しですか？

Do you have anything made locally?

 配送をご希望ですか？

Can you deliver to Japan?

 こちらはチョコレートの詰め合わせです。

Are they wrapped individually?

 このチョコレートは地元で人気なんです。

Can I store them at room temperature?

 何名様でしょう？

I'm not sure but three or four.

 ロブスターロフトにお電話ありがとうございます。

I'd like to make a reservation.

 ロブスターロフトへようこそ。

We have reservations for two.

 お席のご希望はありますか？

We'd like a seat near the windows.

 ご注文は何になさいますか？

I'll have a double cheeseburger.

 持ち帰りですか？ こちらで召し上がりますか？

For here.

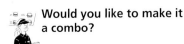

Would you like to make it a combo?

はい、ポテトとコーラで。

What would you like to drink?

アイスコーヒーをお願いします。

What can I get you?

ウイスキーをダブルで。

How about another?

そうですね。同じものを。

Would you like something to eat?

フィッシュアンドチップスをください。

Your total is $25.

チップは含まれてますか？

What can I get for you?

チェダーチーズを半ポンドください。

How would you like that sliced?

薄いサンドイッチ用のスライスでお願いします。

Would you like to sample something?

ええ、ローストビーフを味見できますか？

Here's a sample. What do you think?

おいしいです。
1ポンドを薄切りでください。

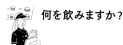 何を飲みますか？

Iced coffee, please.

 セットになさいますか？

Yes, with fries and a Coke.

 おかわりはいかがですか？

Yes. I'll take another of the same.

 ご注文は？

I'll have a double shot of whiskey.

 合計で25ドルになります。

Does that include the tip?

 何かつまみますか？

Let me have the fish and chips.

 どのように切りましょうか？

Thin sandwich slices, please.

 何をお取りしましょうか？

A half pound of the cheddar.

 どうぞ、試食品です。いかがですか？

It's great. I'll take one pound, shaved.

 何か試食してみますか？

Yes, can I try your roast beef?

What show are you interested in?

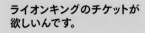 ライオンキングのチケットが欲しいんです。

 How many?

 大人2枚と子ども1枚で。

 What seats would you like?

 座席について詳しく知らないのです。

 Here is a seating chart and pricing.

 セクションDにします。

 Welcome to the National Art Museum.

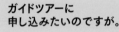 ガイドツアーに申し込みたいのですが。

 Would you like a headset?

 日本語はありますか？

 This area has pieces by Gauguin.

 この絵画はいつ頃の作品ですか？

 These pieces are mostly from the 1890's.

 どこで描かれたものですか？

 I need to check your ID.

 パスポートでいいですか？

 Place your bets.

 このチップを崩してもらえますか？

何枚ですか？

Two adults and one child.

 どのショーに興味があります
か？

I'd like tickets for
The Lion King.

 こちらが座席の図と値段です。

We'll take section D.

どの席がよろしいですか？

I'm not familiar with the
seating.

 ヘッドセットはいかがですか？

Is Japanese available?

国立美術館へようこそ。

I'd like to join a guided
tour.

 ここは1890年代の作品が中
心です。

Where were they
painted?

このエリアにはゴーギャン
の作品があります。

What period is this
painting from?

 ベットしてください。

Can you break this chip
down?

IDを確認させてください。

Is a passport okay?

Congratulations.
You win!

交換窓口はどこですか？

We can comp you a
dinner if you like.

2人分の食べ放題ディナーが
いいですね。

Where are you from?

日本からですよ。

Why did you come to
America?

友だちを訪ねる
ためにここに来ました。

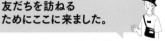
I'd love to visit Kyoto
sometime.

京都はきれいなところですよ。

What is the best time of
year to go?

秋です。
紅葉がすばらしいんです。

You're turning blue!
Are you okay?

救急車を呼んでください。

Is there a problem?

ええ、だれかにカバンを
盗まれました！

What's wrong with you?

熱があってめまいも
するんです。

Do you have insurance?

はい。
このタイプは使えますか？

よろしければ夕食に無料で
ご招待いたしますよ。

I'd like two buffet
dinners, please.

おめでとうございます。
あなたの勝ちです！

Where is the cage?

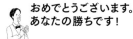

どうしてアメリカに来たので
すか？

I came here to visit
friends.

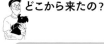
どこから来たの？

I'm from Japan.

行くなら1年のいつ頃がい
いの？

Fall. The autumn leaves
are gorgeous.

いつか京都に行ってみたい
んだ。

It's very beautiful there.

何かトラブルですか？

Yes. Someone stole my
purse!

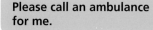

真っ青ですよ！
大丈夫ですか？

Please call an ambulance
for me.

保険はありますか？

Yes. Do you accept this
kind?

どうしましたか？

I have a fever and I'm
dizzy.